Les 7 Clés du marketing durable

Éditions d'Organisation
Groupe Eyrolles
61, bd Saint-Germain
75240 Paris cedex 05

www.editions-organisation.com
www.editions-eyrolles.com

Chez le même éditeur :

Katalin BERENYL, *Les 11 lois du marketing créatif*

Ludovic BOURSIN et Laetitia PUYFAUCHER, *Le média humain, dangers et opportunités des réseaux sociaux*

Laurent DELASSUS, *La musique au service du marketing*

Patrick GEORGES et Michel BADOC, *Le neuromarketing en action*

ISBN : 978-2-212-55321-5

Elizabeth PASTORE-REISS

Les 7 Clés du marketing durable

EYROLLES
Éditions d'Organisation

Remerciements

À mes proches pour leur patience, à l'équipe d'Ethicity pour son engagement, à Alexis Botaya pour sa relecture enrichissante et à mes clients qui nous permettent de contribuer à inventer le monde de demain !

Du même auteur

Le marketing Éthique, Pearson Education, 2002

Le marketing Durable, Eyrolles, 2007

Elizabeth Pastore-Reiss a aussi collaboré à :

Business sous Influence, dirigé par Ludovic François, Éditions d'Organisation, 2004

Communiquer sur le Développement durable, dirigé par Maud Tixier, Éditions d'Organisation, 2005

L'Atlas du développement durable et responsable, collectif dirigé par Gilles Pennequin et Antoine-Tristan Mocilnikar, Eyrolles, 2011.

Sommaire

Table des cas

Introduction

À NOUVEAUX ENJEUX DU MONDE…

C'est un fait acquis : nos sociétés modernes sont en plein bouleversement et il est plus que jamais nécessaire d'opérer un changement radical. Dérèglement climatique, pénurie des ressources naturelles, pollutions diverses, érosion de la biodiversité mais aussi augmentation du chômage en Occident, augmentation des inégalités, remise en cause du modèle financier mondial et des structures sociales face au vieillissement de la population… : tous ces facteurs obligent à repenser le fonctionnement des structures comme autant d'évidences quotidiennes.

Quels que soient les scénarios, nul ne peut vraiment savoir de quoi demain sera fait. Va-t-on vers un renforcement de la gouvernance mondiale et des régulations appuyées par des accords forts entre États ? S'oriente-t-on, au contraire, vers un scénario où des communautés s'autonomisent, s'organisent à leur échelle locale en profitant des réseaux sociaux ? Est-ce que les entreprises auront un rôle à jouer en prenant le relais d'États défaillants ? Difficile à dire. On ne peut que conjecturer, formuler des hypothèses et établir des probabilités en pariant sur les courbes d'évolution actuelles, sans toutefois pouvoir prendre en compte les ruptures qui ne préviennent jamais de leur arrivée.

… NOUVELLES ENTREPRISES

Alors il faut passer à l'action. Ne plus attendre pour changer, sous peine de se retrouver inadapté aux paramètres du monde à venir.

Entreprises de toutes tailles – firmes internationales comme PME, cabinets de conseil, agences de communication et de marketing : tous les acteurs de la chaîne de production et de valeur sont concernés par ces bouleversements. Aucun ne peut faire l'économie d'une transition.

Dans ce contexte, de nouvelles questions se posent. Comment assurer la pérennité de l'entreprise en conciliant croissance et nouveaux enjeux du monde ? Et comment rendre compatible la création de valeur – fonction propre d'une entreprise – avec ces nouveaux défis ? Comment peut-on dans le même temps corriger les déséquilibres engendrés par une croissance ultrarapide dans certains pays ?

La question transversale à l'ensemble de ces interrogations est celle du changement, et de l'adaptation au changement. Cela passera notamment par les produits ou les services, et toutes les fonctions qui en découlent. Il va falloir – il faut déjà – assurer la transition entre un marketing hérité d'un XXe siècle conquérant à un marketing plus humain, plus durable. Un marketing qui ait du sens, qui fasse évoluer les comportements par l'évolution des usages, afin de respecter l'environnement et les hommes.

Chaque mutation comporte ses clés, chaque défi, ses facteurs de succès. Les mutations imposées par la nécessité du développement durable ne font pas exception. Il faudra notamment :

- Avoir une bonne connaissance de son périmètre de responsabilité. Cela implique d'intégrer la stratégie développement durable dans la stratégie globale de l'entreprise, d'avoir identifié les impacts de ses produits et d'être capable d'en mesurer l'évolution.
- Assurer la cohérence et l'alignement des différents systèmes et strates à l'intérieur même de l'entreprise : actionnaires, salariés, fournisseurs, clients, partenaires de la société civile, etc.

- Être sincère dans son engagement, ce qui signifie être convaincu à la fois de la nécessité du changement et de chaque action entreprise en son nom.
- Traduire l'engagement et la mutation dans l'offre et la nature de la relation client, dans la nature de la relation avec le consommateur.

POURQUOI CE LIVRE ? POURQUOI MAINTENANT ?

Ce livre est le fruit d'une expérience de plus de dix ans dans l'accompagnement du changement auprès d'entreprises et dans l'aide à la transformation de leur offre.

C'est un guide pratique. Il répondra aux questions que se pose l'entrepreneur, qu'il soit dirigeant d'une grande multinationale ou patron d'une TPE. Il lui permettra d'appréhender différentes postures de transformation face aux nouveaux enjeux du monde et de mettre en place une démarche de marketing durable : « processus de planification, de mise en place et de contrôle du mix marketing (développement produit, prix, promotion, distribution) de manière à satisfaire les besoins des consommateurs, atteindre les objectifs de l'organisation, faire en sorte que le processus soit compatible avec les écosystèmes[1]. »

Le champ couvert est volontairement réduit, car il existe déjà beaucoup d'ouvrages sur la mise en place du développement durable dans une entreprise. Il ne s'agit donc pas de cela, mais volontairement de se restreindre au marketing car le produit (ou service) est la traduction de la vision de l'entreprise. L'objet de ce livre est de faire le point sur les pratiques en cours, les expériences à succès, et d'en tirer l'essentiel pour donner les clés de la réussite aux dirigeants qui souhaitent s'engager. J'ai essayé de répondre aux questions que me posent le plus souvent les

1. Donald A. Fuller, professeur de marketing, Florida Technological University, États-Unis.

entreprises : comment faire, comment préserver la rentabilité et créer de la valeur, comment innover et rester pionnier, comment me développer et faire connaître mes efforts à mes publics ?

Comment réinventer les règles du marketing ? Comment donner envie dans le changement ? Comment faire du développement durable un élan positif et porteur de sens dans l'entreprise et non plus une contrainte financière ? Comment trouver les bons leviers et rendre le marketing durable désirable ? Désir vient de *sidere* qui signifie « se lever, agir ». La responsabilité d'un marketeur, c'est-à-dire de celui dont créer le désir est le métier, devient alors celle de fournir une réponse éclairée à de nouveaux besoins. Une réponse qui respecte les objectifs du développement durable. Les marketeurs, éclaireurs d'une métamorphose nécessaire ?

Tels sont les défis auxquels *Les 7 Clés du marketing durable* se propose de répondre.

Chapitre 1

S'organiser pour réussir la transition

« La vérité est dans le produit. »
Bill Bernbach, publicitaire fondateur de DDB.

Les clés de la transition concernent aussi bien les moyens de production que le produit, les process et les ressources humaines.

Une transition réussie repose essentiellement sur la prise en compte de trois aspects :

- Considérer le produit et sa valeur : quels sont ses impacts environnementaux et sociaux réels ? Quelle est la répartition de la valeur au sein du produit ? Où agir sur la chaîne de production ?
- Comprendre que le marketing durable est un marketing de partage qui implique l'ensemble des parties prenantes dans la réflexion stratégique sur le produit (société civile, fournisseurs, clients, etc.), et ce dans une démarche d'intelligence collective.
- Mobiliser les ressources humaines comme force créative : aucune démarche de transition ne peut se faire sans une pleine adhésion des collaborateurs. Puis définir un plan d'action rigoureux faisant appel à une méthodologie éprouvée.

Obstacles

- Les responsables marketing ou les responsables produit qui se trouvent en aval des process ne sont pas toujours au fait de ceux exécutés en amont (achats, fabrication...). D'où un nécessaire changement culturel : les formations dispensées dans les grandes écoles de commerce doivent intégrer davantage les enjeux à venir : rareté des biens, interdépendance, pensée systémique. Cela suppose également pour les entreprises une ouverture au monde et des formations continues pour faire partager aux équipes la nécessité d'une traduction concrète dans l'offre.
- La transition est un facteur anxiogène, modifier ses habitudes aussi. Et face à un fonctionnement traditionnel qui permet de dégager des marges satisfaisantes, l'opportunité d'un changement n'est pas toujours bien cernée. Un accompagnement sur le long terme est donc nécessaire pour saisir les opportunités sans entamer les recettes.

Opportunités

- La transition implique de « penser autrement ». Elle stimule les équipes autour d'un processus créatif et en révèle le meilleur.
- Le processus qui accompagne la transition est un formidable levier de mobilisation susceptible de renforcer la cohésion interne et de faire émerger de nouvelles relations avec les partenaires, notamment dans les achats et les réseaux de distribution.

Conditions du succès

- Une analyse complète du process est nécessaire. Le marketing durable est un marketing du process et non uniquement un marketing de communication limité à l'habillage produit. Un changement en profondeur est nécessaire sous peine de tomber dans le *greenwashing* et d'entamer sérieusement la crédibilité de la démarche, aussi bien vis-à-vis de l'interne que de l'externe.
- Travailler ensemble en dépassant les schémas linéaires s'avère une condition *sine qua non* de réussite. Cela signifie basculer d'un système *top down* « fournisseurs-clients » à des process systémiques et circulaires sans hiérarchie. L'objectif et la destination commune à atteindre deviennent alors les facteurs de mobilisation.

CHANGER EN RESTANT CENTRÉ SUR L'ESSENTIEL

On ne peut mentir face aux réalités. Il convient de se réinterroger avec courage sur les fondamentaux du produit.

- **Ses vrais impacts environnementaux.** Ce sont les portes qui mènent aux vrais enjeux du produit. Il faudra communiquer les informations, à savoir les résultats des ACV (analyses de cycle de vie) ou des bilans carbone et leur donner une valeur claire et pédagogique, compréhensible par les équipes et le consommateur.
- **La répartition de sa valeur.** Quel objectif se donne-t-on ? Que fait-on en cas de renchérissement des matières premières ou de l'énergie, d'une remise en cause de l'utilisation de certaines ? De plus, il convient d'interroger (et de révéler) les valeurs cachées : celles de la biodiversité, les coûts générés par la pollution (externalités négatives). Ces éléments coûtent (ou bénéficient) déjà à certaines entreprises. C'est le cas par exemple des peintures contenant des COV (composés organo-volatils) nocifs pour la qualité de l'air intérieur. Certaines entreprises les ont déjà supprimées, même si le développement produit a été plus coûteux et que la réglementation du pays ne l'exigeait pas encore. Elles ont de fait pu préempter le marché. Améliorer la nature du produit et sa qualité environnementale permet bien souvent d'anticiper sur les attentes ou de créer de nouveaux *business models*.

Le cas SINEO : laver sans eau

SINEO est une entreprise de nettoyage de voitures installée dans les parkings ou les entreprises. En changeant de modèle et en fondant sa réflexion sur le fait que c'est bien le nettoyage des véhicules qui est l'objet de son existence et non le lavage à eau (il faut 150 litres d'eau pour laver une voiture dans les stations de lavage classiques), elle a développé des produits avec un laboratoire de chimie verte permettant de nettoyer les véhicules sans eau ni produits nocifs. Dans le même temps, ce nouveau modèle s'appuie

> sur l'embauche de personnes en réinsertion afin de leur permettre pendant un an et demi de construire leur projet professionnel. Et le fait de ne pas avoir besoin d'eau a permis de développer une offre sur le lieu de travail et donc de créer un nouveau marché.

- **Ses lieux de fabrication.** Les marketeurs connaissent-ils la politique conduite par les Achats ? Sont-ils jamais allés sur le terrain approcher le cycle de vie du produit pour prendre la mesure des impacts environnementaux et sociaux liés aux lieux de fabrication délocalisés (énergie, déchets, eau, conditions de travail, etc.) ? Dans ce cadre, est-ce qu'une relocalisation aurait vraiment un sens ? Certes, elle permet des délais de réactivité plus courts face aux demandes des clients ainsi que la création de partenariats plus étroits avec les fournisseurs. Mais est-ce que cela est intéressant économiquement ? Pourra-t-on valoriser la qualité et le savoir-faire auprès du distributeur et du client ? Il faudra garder en tête l'équation économique sur laquelle repose le produit.

> **Le cas Rossignol : la relocalisation**
>
> Rossignol, l'entreprise de sport française, a récemment relocalisé sa production en France, alors qu'elle avait été délocalisée en Chine. Cette opération a eu des bénéfices aussi bien économiques qu'environnementaux. La relocalisation a contribué à l'amélioration de la qualité des produits (de nombreux retours pour défauts étaient liés à la fabrication en Chine), alors que dans le même temps les économies réalisées grâce aux différentiels de coûts de production entre les deux pays tendent à s'amenuiser. L'argument économique est un argument traditionnel et rationnel qui permet de convaincre les parties prenantes, utile pour amorcer une dynamique de changement !

- **Ses éléments de communication.** Ils dépendent des vrais engagements de l'entreprise. À ce titre, il faudra procéder à une analyse « objective » du marketing et de la communication liés au produit : sur quoi met-on l'accent ? Quelle est la valeur des arguments ou des promotions utilisés ? Quel pourcentage du produit ou du service cela représente-t-il ? La différence entre l'impact réel du produit et la perception qu'en a le consommateur est souvent très variable d'un pays à l'autre, et dépend des référentiels culturels (vis-à-vis du bien-être animal par exemple, ou du devenir des bouteilles plastiques, etc.).

- **Les freins à l'achat.** Il faudra les comprendre pour les lever tout en améliorant la satisfaction du consommateur. Aujourd'hui, le consommateur cherche avant tout le plaisir, mais un plaisir dont n'est pas exclue la responsabilité tout en évitant la culpabilisation.

> **Le cas LAY'S : un produit plaisir sans culpabilité**
>
> LAY'S est une marque de chips. Leurs produits affichent désormais une certification 100 % sans huile de palme avec un taux de 25 % de sel en moins. Soit un message clair : moins mauvais pour la planète, et moins mauvais pour la santé. C'est-à-dire un bénéfice individuel et collectif. Un très bon exemple de changement réussi du rapport entre les clients et le produit !

LE MARKETING DURABLE : UN MARKETING DU PARTAGE

Autrefois tournée uniquement vers les besoins du client, la conception de l'offre est le fruit d'une collaboration avec l'ensemble des acteurs du produit : fournisseurs, société civile et collaborateurs aussi bien que distributeurs et clients. Ceci implique une action à plusieurs niveaux.

- **S'ouvrir à l'écosystème.** Des idées pour améliorer votre produit, tout le monde en a. Il s'agit juste de trouver un moyen de créer une synergie avec chacun des membres de votre écosystème-produit pour co-construire. Cela passe par l'écoute, aussi bien des fournisseurs qui sont capables d'intervenir en amont dans une démarche de co-construction, que des ONG (comme le WWF pour les partenariats société civile/entreprises) qui accompagneront aussi l'entreprise dans le changement.

- **Mutualiser les ressources mais aussi les coûts.** Ceci est valable notamment pour les entreprises dont l'écosystème productif et/ou de distribution est local. Les transports peuvent souvent être mutualisés, les déchets d'une entreprise peuvent devenir les ressources d'une autre (avec la création d'une éco-zone), etc. Il est possible également de bâtir des opérations conjointes avec la distribution, que ce soit pour optimiser des cycles de vie de produits que pour des opérations de transports.
- **Écouter pour comprendre les freins et les difficultés.** C'est un préalable nécessaire pour développer une voie gagnant-gagnant. Dans ce cadre, l'échange entre collaborateurs et fournisseurs, le dialogue permanent et entretenu, la participation à des initiatives locales, la construction de partenariats avec les municipalités et les chambres de commerce (par exemple dans le cadre d'une semaine de la mobilité ou de l'élaboration d'un plan de déplacement urbain), l'incitation au volontariat des marketeurs (mécénat de compétences à l'intention d'associations) sont autant de moyens pour initier des relations durables, transparentes et équilibrées.

DES COLLABORATEURS AU CŒUR DE LA DÉMARCHE

Ce sont les collaborateurs qui conditionnent la réussite d'une démarche de changement. Ils en sont à la fois les fondations et les moteurs. Aucune mutation ne peut être durable sans leur implication totale. Au cours du XXe siècle, la hiérarchie des valeurs et les priorités des collaborateurs se décomposaient ainsi : avoir → faire → être. Le travail était un moyen de gagner sa vie, il fallait le faire pour vivre ensuite. Aujourd'hui, l'enchaînement n'est plus celui-ci mais est devenu : être → faire → avoir. Les besoins primaires étant pour la plupart satisfaits, c'est bien souvent l'accomplissement personnel au travail qui prime (notamment pour la génération Y).

À ce titre, la parabole des « trois tailleurs de pierre » est tout à fait symbolique : trois artisans travaillent à la taille des pierres pour bâtir une cathédrale. L'un d'eux accomplit son travail d'un air triste, l'autre sans rien laisser paraître. Quant au troisième, il paraît pleinement heureux de sa tâche. La raison de ces différences ? Le premier purge une peine, le deuxième travaille à nourrir sa famille et le troisième participe à l'édification d'une cathédrale !

L'implication des collaborateurs porte ses fruits à trois niveaux et à trois conditions.

- **Stimuler l'énergie collective.** Elle est un facteur essentiel de réussite, car le changement collectif commence à l'échelle individuelle. Cela signifie que les tailleurs de pierre de l'entreprise doivent pouvoir avoir les pieds sur terre, réussir pour ceux qui le veulent et accéder pour les autres à une forme de transcendance par le travail, qui donne un sens à leur vie.

  Concrètement, cela passe par des actions d'écoute de la parole individuelle en interne, par une démarche de co-construction des politiques internes et/ou locales, par l'ouverture à la formation (toujours créative avec des techniques de théâtre, des jeux...), par l'échange de bonnes pratiques, par la mise en place de boîtes à idées (comme chez ADEO ou NORAUTO), mais également par la définition d'objectifs non seulement quantitatifs mais également qualitatifs sur des initiatives précises. La définition de ces objectifs, qui peuvent être individuels, peut être assortie d'*incentives* financiers ou de progression de carrière forts, comme c'est le cas chez DANONE où un tiers du bonus des managers est indexé sur la réalisation de leurs objectifs environnementaux.

- **Faire vivre la démarche en interne grâce à des outils spécifiques.** C'est un principe de base de toute démarche cohérente.

Rien de vraiment neuf ici, si ce n'est qu'au plus près de l'action quotidienne, sur le terrain, il est nécessaire de mettre en place des relais. Ainsi, dans chaque restaurant, McDONALD'S a mis en place l'outil ÉcoProgress qui permet à chaque responsable de faire évoluer et d'évaluer les consommations d'énergie, d'eau, etc. La démarche est animée par des fonctions intranet.

Au-delà du pilotage en interne, il est également souhaitable de donner à chacun des outils de pilotage individuel. Ainsi, les collaborateurs de NATURE & DÉCOUVERTES possèdent chacun un quota carbone qui les rend responsables de leur consommation au cours de l'année. S'ensuit naturellement un arbitrage quotidien qui peut être récompensé par des primes individuelles ou des aides (pour l'achat d'un véhicule hybride par exemple).

Le cas NATURA BRASIL : collecter les données pour gérer l'énergie collective

Organiser l'énergie des collaborateurs autour d'une démarche de développement durable implique également un pilotage des performances individuelles. Et donc un système d'information environnementale (SIE) qui peut être développé soit en parallèle du système d'information traditionnel, soit à l'intérieur même du logiciel classique (SAP a créé des modules environnement pour que chacun, dans ses décisions quotidiennes, puisse mesurer son impact environnemental). NATURA BRASIL utilise ce système pour piloter les performances individuelles et les consolider.

- **Faire confiance, activer l'enthousiasme et créer une dynamique de création attractive.** Elle relève d'une démarche interne qui – à travers des œuvres collectives de différentes natures – permet à chacun de trouver sa place. Il peut s'agir d'un rendez-vous régulier (journée, fête, repas), d'une contribution commune (décoration, journée associative), etc. Chaque manifestation peut associer des symboles ludiques et cohérents au regard de l'image de l'entreprise. Chez CLIFF BAR, par exemple, société californienne de barres énergétiques pour sportifs, de petits personnages sont fixés au mur d'escalade présent dans les locaux pour symboliser l'avancée des objectifs de l'entreprise. L'aspect ludique est un point éminemment mobilisateur. C'est aussi la stratégie adoptée par GOOGLE : dans un environnement de travail ludique, les collaborateurs sont incités non seulement à s'approprier la culture de l'entreprise mais également à être plus créatifs. Et surtout, à célébrer les succès à un rythme soutenu !

Le cas WALMART : des objectifs personnalisés

WALMART, l'entreprise internationale de distribution, a créé pour ses collaborateurs le *Personnal Sustainability Plan* : à chacun de définir ses objectifs personnels (réduction du poids individuel, déplacements en vélo, sourire tous les matins, etc.).

Chacun bénéficie d'« *Angel points* », sur une interface dans laquelle chaque salarié a un compte. Il entre ce qu'il fait : réduire son poids (plus de 92 000 kg perdus !), arrêter de fumer (20 000 ont réussi), venir en vélo ou nager (plus de 1 million de miles...). Le système est pyramidal au niveau du magasin et consolidé... et fonctionne exactement comme les systèmes traditionnels à points utilisés par Weightwatchers !

LA CLÉ DU SUCCÈS : UNE GESTION DE PROJET RIGOUREUSE

Pour placer ses équipes en mode découverte, il faut s'en donner les moyens. En fixant des objectifs clairs et mesurables de réduction des impacts environnementaux tout d'abord. En mettant en place un système de management précis ensuite (dans le cadre d'une démarche qualité type ISO, ISO 26 000 par exemple, qui suppose de revoir les modes de gouvernance et de décision des projets). Cela nécessite de solides référentiels pour accompagner le changement et le déployer ensuite à l'échelle individuelle. Les référentiels doivent être fondés sur l'individu puis être consolidés au niveau global.

Le cas INTERFACE FLOR : le plan d'action rigoureux

INTERFACE FLOR, entreprise de fabrication de moquettes à usage professionnel, a entamé sa démarche de réduction des impacts environnementaux de façon parfaitement rigoureuse et rationnelle. D'abord, en définissant un objectif : zéro émission en 2020. Puis en identifiant tous les postes où des marges d'améliorations environnementales étaient possibles, et en les classant en fonction de ces marges. Le plan d'action découlant naturellement de ce classement.

INTERFACE FLOR a mis en place une démarche coopérative d'amélioration à travers la mobilisation de l'ensemble de ses usines et de ses centres : chaque idée émise dans le monde est intégrée puis déployée dans l'ensemble des pays.

LES PIÈGES À ÉVITER

1. **Les injonctions contradictoires.** Elles rendent impossible le choix le plus durable car elles « rajoutent une couche » sur des problèmes complexes, sans véritablement interroger les modes de fonctionnement habituels donc elles inhibent, voire découragent.
2. **Le manque de participation en interne.** Ne miser que sur la raison (sans la dimension émotionnelle nécessaire à l'implication) et/ou sur la dimension hiérarchique et autoritaire est le meilleur moyen de mobiliser ses collaborateurs... sur le très court terme.
3. **Le manque de cohérence globale dans la démarche.** Une démarche de marketing durable impose en effet une cohérence

forte avec la stratégie et une transparence accrue, notamment lors de mutations difficiles. Des contradictions peuvent en effet être perçues comme douloureuses, comme lors d'un plan de restructuration par exemple, car l'emploi est souvent perçu comme la première responsabilité d'une entreprise. De même, il est souhaitable que les équipes marketing soient le reflet de leurs clients. Des dissonances peuvent facilement apparaître entre le discours, ou la volonté d'écoute affichée, et la réalité des opérations qui sont conduites ensuite. Attention donc au « détail qui tue... » !

4. **Sous-estimer le temps d'adaptation des organisations et la résistance au changement**. C'est un écueil classique qui peut être évité en s'appuyant sur des équipes pilotes motivées, qui guideront les autres dans leur sillage. Mais attention à ne pas vouloir atteindre trop vite les objectifs finaux : la stratégie des petits pas (avec des *quick win* visibles en interne) est souvent la plus payante, elle permet de consolider chaque étape et de dépasser les scepticismes les plus résistants sans même s'en apercevoir... !
5. **Manquer d'ambition**. C'est une des façons les plus simples... d'échouer à mobiliser. Plus l'objectif est haut, plus le niveau atteint le sera également, même si l'objectif ne l'est pas. Il convient donc d'intégrer des expérimentations dans les plans marketing de l'année suivante qui permettront d'atteindre des objectifs fixés à 3, 5, 10 et 40 ans pour les plus volontaristes. TESCO, par exemple, n'hésite pas à s'annoncer « carbone neutre » d'ici à l'horizon 2050, ce qui, pour un distributeur, suppose de revoir toute son offre et son mode de fonctionnement... mais en définissant des étapes à atteindre à court terme qui rendent l'objectif crédible ! Ces objectifs potentiellement inatteignables auront la vertu de mobiliser les équipes autour d'innovations de rupture.

Un cas de A à Z : EverGreen de Bouygues Construction

En deux mots

En 2008, Bouygues Construction inaugure le premier immeuble de bureaux de grande envergure à énergie positive en France. Cet édifice, qui a mobilisé tout le savoir-faire traditionnel de l'entreprise associé aux techniques les plus sophistiquées d'éco-responsabilité, est aujourd'hui le siège de l'entreprise. Il sert de vitrine aux produits et services de l'entreprise et offre à ses 1 300 occupants un bien-être nouveau fondé sur l'implication de chacun.

Les clés du succès

- Une vision globale et un objectif qui fédère.
- Des moyens co-construits avec l'ensemble des partenaires.
- Un changement des comportements à tous les niveaux, de l'amont à l'aval.

Comment faire

- **Réduire l'impact environnemental global.** Cela passe par la réduction des consommations énergétiques. Celles de l'immeuble sont ainsi 30 % inférieures à celles des immeubles HQE (haute qualité environnementale) les plus performants du marché (grâce à un dispositif de compensation des consommations, la mise en place de trois centrales de cogénération et de 4 200 m^2 de panneaux photovoltaïques et le recours aux principes d'énergie passive). L'immeuble est également « bioclimatique » (il privilégie la lumière naturelle, l'isolation thermique et acoustique et une ventilation 100 % naturelle en été). Au bilan, ces innovations permettent à l'immeuble de rejeter 50 tonnes de CO_2 en moins par an par rapport à un immeuble classique.
- **Faire de ses collaborateurs les meilleurs ambassadeurs de la démarche.** Bouygues Construction a intégré les enjeux d'usage (plan de déplacement, etc.) dans la gestion des réductions de consommation. Les occupants de l'immeuble ont été formés aux économies d'énergie. L'immeuble possède également un système de pilotage centralisé permettant d'informer à tout moment et en continu les collaborateurs de leurs consommations afin d'encourager au quotidien les gestes écocitoyens. Enfin, le

budget énergétique est optimisé grâce à un contrat de performance qui garantit le montant des charges et est assorti d'un système de bonus/malus.

- **Créer des partenariats pour établir un consortium.** STEELCASE a ainsi été associée à la réflexion sur l'optimisation des espaces de vie pour une ergonomie optimum. La construction de cet immeuble, qui se veut apporter confort et bien-être à ses collaborateurs, a donc mobilisé un nombre de savoir-faire extrêmement variables et différents, allant de l'élaboration d'un mur végétal, à l'utilisation de bois de menuiserie.

Chapitre 2

Améliorer la valeur et la rentabilité

> *« Le capitalisme que nous connaissons n'est qu'à moitié développé. Il faut créer un système parallèle tourné vers la maximisation du bien-être social. »*
> Muhammad Yunus, fondateur de la Grameen Bank et prix Nobel de la paix 2006.

Améliorer la rentabilité économique est l'obsession de chaque dirigeant d'entreprise. Autrement dit, comment générer la création de valeur continue, à coût réduit. Aujourd'hui, l'augmentation de la valeur d'un produit ou d'une entreprise n'est pas que financière : ses atouts environnementaux et sociaux pèsent désormais dans la balance de la pérennité d'une entreprise et de sa valeur. Élargir le cadre du « jugement de valeur » est devenu un processus indispensable.

Dans leur article « Creating shared value, how to reinvent capitalism – and unleash a wave of innovation and growth[1] », Michael Porter et Mark R. Kramer théorisent les trois clés de la création de valeur pour une entreprise, à savoir :

- reconcevoir ses produits et ses marchés ;
- redéfinir la productivité et la chaîne de valeur ;
- initier des écosystèmes locaux de développement.

1. *Harvard Business Revue*, janvier-février 2011.

Obstacles

- Les idées reçues ont la vie dure et les transitions se trouvent souvent confrontées à des résistances. « Le développement durable, cela coûte » est la plus forte d'entre elles. « Réduire la consommation globale – et donc les ventes, c'est se tirer une balle dans le pied » est la seconde qui paraît bien légitime. Beaucoup de responsables sceptiques demandent à voir la preuve que la rentabilité d'un produit à court terme ne s'oppose pas à la création de valeur à moyen terme.
- Une relation avec ses fournisseurs qui repose davantage sur une tension pour baisser des coûts qu'un véritable partenariat gagnant-gagnant vers la cocréation de valeur : une approche à inverser bien sûr, mais pas si simple...

Opportunités

- Être en avance d'une phase, cela implique de revisiter le process de production et de commercialisation en se posant la question de la création de valeur de chaque action. Puis de valider l'utilité et le coût en s'extrayant d'un raisonnement axé purement sur la rentabilité à court terme.
- Baisser les coûts en simplifiant, en raccourcissant, en mutualisant... pour découvrir de nouvelles façons de faire ou utiliser de nouveaux matériaux. En bref, innover. Il y a souvent des primes directes et indirectes pour ceux qui expérimentent et anticipent : demain le carbone aura sûrement un prix pour chacun et ceux qui auront anticipé ce changement auront une longueur d'avance.

Conditions du succès

- Dépasser le strict cadre de la valeur économique pour se poser la question de la valeur sociale et environnementale de son action, afin d'appréhender la valeur de son produit (ou service) en termes de création de valeur globale pour la société dans son ensemble, et pas seulement l'entreprise.
- Encourager et valoriser tous les acteurs du process de production, et pas uniquement financièrement !

RECONCEVOIR SES PRODUITS ET SES MARCHÉS

Cela commence par chercher à réduire les coûts financiers liés au produit et à sa conception, mais également ses coûts environnementaux et sociaux qui sont également des gisements d'économies. Cette démarche implique également une réflexion sur la valeur intrinsèque du produit, qui peut conduire à une réflexion sur sa valeur d'usage.

Les deux approches sont intimement liées et permettent dans un cas comme dans l'autre une création de valeur.

- **Revisiter l'ensemble des impacts environnementaux**, des process et produits (*via* une ACV, un bilan carbone, etc.) permet d'identifier les postes les plus consommateurs en ressources (eau, énergie fossile, temps, etc.). Une telle évaluation des impacts conduit à une démarche d'écoconception associée à un plan d'action de réduction globale des consommations, aussi bien au niveau de la production que des transports, de la logistique, de la distribution, des déchets, etc. Réduire, c'est aussi anticiper sur de nouvelles sources d'approvisionnement en ressources : toits de grandes surfaces transformés en mini-centrales photovoltaïques, récupération des eaux usées, etc. L'écologie au service de l'économie : ce n'est peut-être pas un hasard si l'une et l'autre partagent la même racine grecque, *ekhos*, qui désigne la maison !

Le cas UNILEVER : réduire son empreinte carbone

L'empreinte carbone permet de mesurer l'impact à l'usage du produit et de donner des conseils d'usage. UNILEVER s'est donné comme objectif de doubler sa croissance tout en réduisant de moitié son impact sur la planète d'ici 2020. Pour ce faire, l'entreprise a évalué ses enjeux environnementaux à partir de quatre critères : gaz à effet de serre et eau consommée (résultant de l'utilisation des produits),

> déchets et approvisionnements (sources d'énergie, matières premières, etc.). Non seulement, lorsque cela est possible, l'entreprise a lancé une démarche de développement durable dans les approvisionnements (réduction, énergie renouvelable, biomasse, etc.) mais de plus elle informe le consommateur de sa contribution possible à la protection de l'environnement en l'incitant, par exemple, à prêter attention au fait que l'on met toujours trop d'eau à bouillir pour une tasse de thé, avec un slogan « *small actions, big difference* », car l'essentiel de l'impact carbone vient de là !

- **Se recentrer sur la qualité intrinsèque du produit et sur sa valeur d'usage.** Ces deux aspects sont souvent ceux qui pâtissent en premier d'une politique de vente poussive. Soigner la qualité du produit est une valeur sûre pour s'inscrire dans la durabilité. Un rappel de produit peut avoir des conséquences dramatiques, non seulement en termes d'organisation et de coûts, mais également en termes d'image. Le consommateur est bien souvent prêt à payer un peu plus si le bénéfice qualité est clair. Cela implique une réflexion sur l'éventuelle création de circuits courts, sur l'amélioration de la traçabilité sociale et environnementale des produits, sur la clarté des informations qui sont communiquées aux consommateurs, quitte à entraîner une légère augmentation du prix de vente. Ceci est vrai aussi bien dans les domaines de l'alimentaire que dans celui de l'habillement, de l'ameublement et d'autres. Pour beaucoup de produits de consommation courante, mener une réflexion sur la qualité intrinsèque du produit et sur sa valeur d'usage conduira à un changement du produit : en termes de format par exemple, plus grand si cela permet de faire des économies de matière et d'énergie dans les process de production, ou plus petit au contraire dans le domaine de l'alimentaire par exemple (où le gaspillage lors de l'usage peut atteindre 30 % du volume).

Le cas Rainforest Alliance-Lipton : la certification, une preuve de qualité

La Rainforest Alliance est une ONG qui coopère avec des entreprises pour la certification des forêts (FSC) et des produits alimentaires. La certification apporte une caution sur le mode de production pour le consommateur. Cette certification exige – pour des produits comme le café ou le thé – de renforcer la qualité de gestion de l'exploitation en même temps que celle du produit. S'ensuit une amélioration de la sécurité alimentaire grâce à une excellente traçabilité. Lipton fait appel à cette certification et a annoncé vouloir certifier 100 % des producteurs avec lesquels l'entreprise collabore, soit 2 millions de producteurs certifiés en 2015.

REDÉFINIR LA PRODUCTIVITÉ ET LA CHAÎNE DE VALEUR

C'est le premier pas vers l'innovation. Il implique de repenser le process de fabrication du produit en se posant la question de la création de valeur tout au long de la chaîne : quels sont les maillons qui font la différence en termes de valeur ajoutée ? Où se trouvent les poids morts ? Comment optimiser la chaîne de valeur ?

- **Le premier pas : la politique des achats et des ventes.** Les pratiques quotidiennes amont et aval de l'entreprise sont intimement liées. Le bilan carbone individuel, par exemple, est un bon moyen de sensibiliser les équipes en interne, notamment les forces de vente (les commerciaux). Mais le constat sensibilisateur ne suffit pas s'il n'est pas assorti d'une formation pour participer à l'amélioration du bilan global. Une formation à l'écoconduite, par exemple, permettra de réduire le bilan carbone global de la force de vente – ou du moins d'optimiser les ressources énergétiques nécessaires aux déplacements, source d'économies. Le bénéfice dépasse alors le simple cadre de l'entreprise car rien n'interdit un collaborateur formé à l'écoconduite de reproduire ces pratiques de conduite douce hors de son cadre professionnel ! La prise en compte d'indicateurs non financiers (sécurité, santé, consommations en eau et énergie, biodiversité, empreinte sociale, etc.) permet de dégager de la valeur, une valeur étendue pour l'entreprise qui pourra ensuite être revalorisée. Il en va de même avec le développement d'une gestion rationnelle et écologique des voyages, remplacés par des téléconférences, séances de télétravail, etc. Un principe : toujours raisonner sur la base du triple bénéfice ! Social, environnemental et économique...

> **Le cas des camionnettes de La Poste : les bénéfices cachés d'une réflexion environnementale**
>
> La Poste a mis en place des formations à l'écoconduite pour ses conducteurs. Il en ressort naturellement des améliorations significatives du bilan carbone global dues aux transports, mais également des bénéfices cachés, dus à une amélioration du bien-être du conducteur : 15 % d'accidents en moins ! Car qui dit écoconduite, dit vitesse limitée, accélérations plus douces, etc. Autant dire des conditions de conduite favorisant la vigilance et le respect du conducteur (et de son environnement immédiat !).

- **Chaque détail a son importance.** Aucun poste ne doit être exclu de la réflexion sur les nouvelles sources de valeur. Ceci est valable aussi bien sur l'amont que sur l'aval du cycle.

  Par exemple, en amont de la conception produit, il convient de briefer les agences de packaging – qui le sont trop souvent en aval. Le packaging fait partie intégrante du produit et a un impact majeur sur les aspects transports/efficacité d'usage/déchets. Comme le dit Antoinette Lemens[1] : « Plus le designer-packaging

1. Déléguée générale de l'association Design Communication.

est sollicité en amont dans la conception, plus il sera associé à la réflexion stratégique, et moins il y aura de dissociation entre le contenant et le contenu. » On peut même aller jusqu'à se poser la question du *no pack*, c'est-à-dire vendre en vrac pour vendre la juste quantité. Le packaging au service de sa propre remise en question !

En aval de la conception, il convient d'étudier la fin de vie du produit : seconde vie, voire troisième vie, valorisation des matériaux secondaires avec construction de nouvelles filières de post-exploitation, etc. C'est par une réflexion anticipative de la responsabilité élargie du producteur qu'un travail sur la chaîne de valeur prend tout son sens. Sont en effet prévues une augmentation de la contribution au point vert d'Éco-Emballages de 10 % pour 2012, de nouvelles réglementations européennes (dans la lignée des REACH, RoHs, DEEE, etc.), des malus liés à la taxe carbone, etc. Toutes ces évolutions réglementaires et/ou sociétales sont à prendre en compte par anticipation dans l'aval du cycle. Les anticiper, ce n'est pas se rajouter des contraintes ou des coûts, c'est créer de la valeur à court et moyen terme. D'ailleurs, les consommateurs ne s'y trompent pas[1] : les Français considèrent depuis dix ans que concilier performance économique et prise en compte des enjeux sociaux et environnementaux de la production est possible...

Le cas RIPOLIN : la juste dose

Dans le cadre d'une politique de réduction des déchets, tout en se focalisant encore une fois sur le service plus que sur le produit, RIPOLIN a conçu un automate de distribution de peinture. Au lieu de s'encombrer d'un pot, la machine permet au consommateur de remplir un sachet (réutilisable), d'origine naturelle à 90 %, et surtout de distribuer la juste quantité nécessaire aux besoins (l'utilisateur

1. Étude annelle 2011 Ethicity en partenariat avec l'Ademe et Aegismédia.

communique simplement à la machine la surface à couvrir). Finis les pots qui restent dans le garage, finies les quantités inutilisées, finies les pollutions collatérales.

GÉNÉRER DES ÉCOSYSTÈMES LOCAUX DE DÉVELOPPEMENT

C'est à la fois un moyen et une conséquence. Un moyen car générer de nouveaux écosystèmes revient à créer de nouveaux marchés sur lesquels l'entreprise initiatrice sera leader – parce que la première.

Plusieurs stratégies sont possibles.

- **Valoriser l'aval pour créer une nouvelle filière.** L'idée est de reconsidérer le statut des externalités et des « déchets » pour les faire passer du statut de problème à résoudre à celui de matière valorisable. Ainsi, les déchets d'une filière peuvent devenir les ressources d'une autre, qui vit dans l'aval du cycle de la première. Le papier usagé peut être récupéré par des entreprises spécialisées (comme Élise, par exemple), pour être recyclé puis revendu ensuite aux premiers utilisateurs ! Le tout à travers une démarche d'insertion sociale, c'est mieux !

Le cas Cristal Union : créer une nouvelle filière dans un esprit gagnant-gagnant

La sucrerie-distillerie Cristal Union traite plus de 20 000 tonnes de betterave par jour. Or leur lavage produit 300 tonnes de sable. Afin de réduire son impact environnemental et de maîtriser sa production de déchets, l'usine Cristal Union près de Troyes livre désormais les sables de lavage à la société Appia, une entreprise de travaux publics. Un parfait exemple d'écologie industrielle : Appia a réclamé une amélioration de la qualité des sables, moyennant quoi l'entreprise récupère gratuitement ce qui est un déchet pour Cristal Union et une matière première pour elle. Une stratégie gagnant-gagnant ! Ainsi, en récupérant cette ressource, APPIA permet de préserver le potentiel de ses carrières, qui ne sont pas des ressources inépuisables.

- **Jouer sur le nombre plutôt que sur la marge** pour trouver de nouveaux relais de croissance. C'est la méthode SKODA avec Skoda'simply clever, et celle de RENAULT avec la Logan : les produits vendus sont universels, familiaux, permettent un nombre d'usages variés et sont surtout moins chers. C'est tout l'enjeu développé – à une autre échelle – par le *social business* : élargir les débouchés à une population qui n'a pas accès aux biens de consommation traditionnels (les plus démunis, qu'ils soient dans un pays en développement ou pas), avec un double avantage social et économique.

Le cas ESSILOR : élargir les débouchés tout en servant une cause

ESSILOR a développé en Inde un modèle totalement innovant et représentatif du changement d'échelle grâce au *social business*. L'entreprise distribue désormais dans le pays des paires de lunettes à 5 dollars. Alors qu'autrefois des marchands ambulants traversaient les villages en louant des lunettes pour une courte période de lecture, ESSILOR sillonne ces mêmes villages avec un camion qui accueille les habitants pour un diagnostic de cataracte, dans un pays où la cécité, faute de soin, est très fréquente. En partenariat avec un groupe hospitalier, ESSILOR forme ces habitants et les rémunère pour une activité de proto-opticiens. Ses clients deviennent donc des ambassadeurs et des prescripteurs. Avec le temps, l'entreprise permet l'installation progressive d'opticiens dans les petites villes. Effet boule de neige garanti.

- **Investir dans le service lié à l'usage du produit.** Cela signifie se reposer moins sur la vente du produit *stricto sensu*. Cela suppose également de faire évoluer les forces de vente d'un métier de commercial à celui de consultant ou de conseiller. D'autres voies s'ouvrent alors : développer la location, favoriser les plates-formes d'échanges (qui sont toujours des moyens de communication), etc. Ces derniers aspects permettent de tisser des liens durables avec les clients, d'établir une proximité forte et de poser les bases d'un échange réciproque qui peut permettre d'aboutir à la création de nouveaux services. Le consommateur devient alors corédacteur. Difficile de faire mieux pour répondre au besoin !

Le cas Vélib' : développer le service à l'usage

Réussite emblématique, le Vélib' développé par JCDecaux avec la mairie de Paris est le parfait exemple d'un nouveau service où c'est bien l'usage du produit qui compte, et non le produit lui-même. Le développement du Vélib' dans la ville a permis à JCDecaux de développer de nouveaux marchés d'affichage et de passer d'une logique B2B à une logique B2B2C (l'entreprise vend des services à la ville à destination de l'utilisateur).

INTÉGRER LE REPORTING

Il y a un quatrième aspect essentiel de l'amélioration de la rentabilité, que Michael Porter n'évoque pas. Il s'agit du reporting sur l'ensemble des impacts. La mise en place d'outils de pilotage s'accélère. Intégrer le reporting dans la démarche de création de valeur est devenu incontournable et cela paye. Selon une étude d'Accenture : 70 % des entreprises interrogées déclarent que certaines de leurs initiatives en matière de développement durable créent de la valeur financière. Le pourcentage de la valeur de l'entreprise lié au domaine de l'extracomptable ne cesse d'augmenter. Les fonds de pension (y compris de *private equity*) font réaliser – de plus en plus systématiquement et avant toute acquisition – des diligences RSE (responsabilité sociale et environnementale) afin d'évaluer la politique RSE de l'entreprise dans laquelle ils souhaitent investir, et regardent la traduction dans l'offre.

Des études (Accenture[1] et Ipsos[2]) montrent qu'en temps de crise, la valeur du taux de rentabilité a été de 10 % supérieure pour les entreprises cotées au Ftse4Good (le Ftse des entreprises de la RSE), et que 16 des 18 compagnies industrielles examinées pendant la crise ont surperformé.

La réglementation va également dans ce sens. *Via* l'article 225, la loi Grenelle 2 va sûrement obliger à un reporting environnemental. Ce reporting est un outil pour les actionnaires, à qui il permet de juger des risques à court et moyen terme. Car le développement durable est désormais devenu aussi bien un risque (vis-à-vis de la dépendance aux matières premières dans un contexte de réduction de leur disponibilité), qu'un atout pour une marque. Selon l'étude EuroRSCG *Sustainable futures*, publiée en 2009, 40 % du capital de la marque serait lié au développement durable. Anticiper le risque ou l'opportunité est un levier pour la création de valeur.

Concrètement, une telle démarche peut être mise en place par l'intégration du reporting dans le tableau de bord du dirigeant en ramenant autant que possible les chiffres à l'unité vendue. Les politiques qualité, sécurité et environnement devront bien sûr être l'expression de cette volonté.

---

1. Étude Accenture : « Les enjeux économiques et financiers du développement durable : une enquête exclusive auprès des entreprises françaises », 2008. En partenariat avec l'Ademe et Aegismédia.
2. « The value of responsible business », IPSOS for BITC Legal&General 2010, AT Kearney 2010.

LES PIÈGES À ÉVITER

1. **Se focaliser uniquement sur la valeur financière** et économique sans voir ni communiquer sur la contribution sociale et environnementale. Ces dernières sont désormais considérées comme des dus par le consommateur, et de la bonne gestion de risque par les investisseurs...
2. **Se contenter de capitaliser** sur les économies éventuellement réalisées par la réduction des coûts sans investir en innovation. Il convient de sans cesse être dans un état d'esprit d'expérimentation et de recherche de nouveaux équilibres ou investissements.
3. **Raisonner par compartiments** sans intégrer l'ensemble des externalités positives et négatives de l'entreprise et chercher à les évaluer.

Un cas de A à Z : Scandic

En deux mots

La chaîne d'hôtels scandinave a lancé dès 1993 une démarche d'amélioration de sa valeur alors que le secteur traversait une vraie crise financière. Avec le recul, la politique mise en œuvre lui a permis de faire 18 millions d'euros d'économie entre 1996 et 2007, tout en améliorant son efficacité environnementale et son image auprès de ses clients.

Les clés du succès

- Une remise à plat de tous ses coûts sur l'ensemble de la chaîne de valeur.
- Un engagement environnemental et social global qui s'inscrit dans la durée.
- Une démarche partagée auprès de l'ensemble des acteurs.

Comment faire

- **Assurer la cohérence de la démarche sur toute la chaîne.** Grâce notamment à l'appui et à l'impulsion de la direction, la chaîne s'est rapprochée de ses fournisseurs pour s'assurer de leur engagement environnemental. La société a également mis en place une politique de diversité volontariste avec la prise en compte de la diversité sociale et ethnique lors de la conception de la tenue de travail. Enfin, dès 2001, les petits déjeuners servis étaient labellisés bio et, en 2006, le café commerce équitable.
- **Chiffrer ses objectifs et piloter l'amélioration.** Presque tous les hôtels (plus de 100) sont labellisés par le Nordic Swan Ecolabel (écolabel officiel des pays nordiques) et possèdent un système de reporting, le SIR (Sustainability Indicator Reporting). Depuis 2007, les hôtels Scandic communiquent (ils ont été les premiers à le faire) le coût carbone par client et par nuit. Ainsi, ce chiffre était en 2006 de 3,1 kg de CO_2 en moyenne. Objectif : arriver à 0 d'ici 2025.
- **Communiquer en toute transparence.** Chaque mois, les hôtels communiquent leurs consommations de ressources, ce qui permet à chaque établissement de se comparer avec les autres hôtels de la chaîne, l'objectif étant de motiver chacun à améliorer ses propres résultats. En termes de communication externe, Scandic revendique la politique des petits pas depuis 2001 en construisant sa crédibilité sur le long terme.

Chapitre 3

Nourrir le bénéfice client

« Nous rentrons dans l'économie "servicielle" du service au singulier, nous passons de l'ère des produits à celle des solutions pour le client. »
Philippe Moati, économiste.

Créer de la valeur pour le client, c'est le pendant direct de l'amélioration de la rentabilité. L'une et l'autre sont fortement dépendantes, et il serait illusoire de croire qu'augmenter la rentabilité peut se faire aux dépens de la valeur pour le client. Les marques responsables se doivent de réfléchir aux moyens de simplifier la vie de leurs clients, de leur faire gagner du temps, de limiter leurs déplacements, de favoriser l'accessibilité au service. Il s'agit d'aller plus loin. Les services doivent faire vivre une expérience à plusieurs dimensions et doivent être à même de mobiliser autour du produit : le bénéfice pratique, le désir lié à l'achat, mais aussi le sentiment d'appartenance et d'utilité, la solidarité...

Obstacles

- Une question d'image : les produits dits « développement durable » ne sont pas toujours perçus comme plus qualitatifs. Il se peut donc que les ventes ne suivent pas, souvent par manque d'attractivité perçue du nouveau produit.
- Il est souvent difficile d'innover et de proposer aux clients un produit à plus haute valeur ajoutée sans augmentation des prix. Et pourtant, il faudra s'y astreindre car cette valeur ajoutée (sociale, environnementale) n'est pas perçue comme une option par les clients, mais comme un dû… La moindre des choses en somme !

Opportunités

- Dématérialiser fait partie des options possibles dans le champ du développement durable. À première vue, cela peut représenter un frein pour certaines catégories de population. À terme, cela ouvre vers de nouvelles sources de croissance, notamment auprès des jeunes, en lien avec l'objectif « prospérer sans croître ». C'est un « bouquet de services » auquel on souhaite accéder, plus qu'un produit *stricto sensu*.
- Fidéliser la clientèle et créer avec elle une relation fondée sur des valeurs partagées. Ceci est un atout puissant pour les marques des secteurs soumis à de fortes pressions en lien avec les enjeux de développement durable (alimentaire, énergie, bâtiment, transport, etc.).

Conditions du succès

- Créer un vrai « plus client » qui soit compréhensible, clairement perceptible et mesurable, qu'il soit matériel ou immatériel.
- Faire mieux avec moins : on a toujours tendance à rajouter alors que dans le champ du développement durable, il faut au contraire déplacer la valeur pour réduire, retirer (emballages), penser « latéral » et à contre-courant pour innover.

MISER SUR LE SENTIMENT D'APPARTENANCE

C'est un moteur fort de la valeur produit. C'est ce qui donne du sens à l'achat : le sentiment d'appartenir à une communauté et/ou de contribuer à travers un acte d'achat à une cause (l'inverse *stricto sensu* du boycott), de participer à une entreprise globale en lien avec des valeurs qui correspondent à celles du client, que celles-ci soient sociales ou autres.

Cela peut se faire essentiellement de deux façons.

- **En travaillant sur l'échelle de la « valeur perçue » par les clients,** voire par les non-clients. Chacun de nous est multiple et contradictoire : nous voulons tous une amélioration de la qualité des produits, mais sans nécessairement accepter de payer plus cher. Chacun est prêt pourtant à faire un pas, à consentir à un petit renoncement, mais sous certaines conditions. La difficulté pour la marque réside dans le fait que ce levier de changement évolue avec le temps[1]. Les arguments sont cumulatifs et les entrées ne sont pas les mêmes selon les priorités de chacun : le prix, la santé, puis l'intérêt pour la planète, le social, etc. Il s'agit donc de toucher la partie sensible de chacun en fonction de ses priorités et, seulement à partir de cela, on peut reconsidérer sa proposition tout en sachant que ce n'est pas toujours simple car certaines attentes sont contradictoires. Nous sommes dans l'ère du C2B2B, *consumer to business to business* et de la réalliance !

Pour répondre au mieux à ces valeurs protéiformes, il est nécessaire de suivre la courbe de valeur du produit, et celle de la perception de son utilité. La méthode Blue Ocean Strategy[2] peut s'avérer précieuse. Elle permettra également d'innover pour rechercher de nouvelles fonctions utiles, y compris sur la fonction symbolique du produit.

1. Étude annuelle 2011 Ethicity en partenariat avec l'Ademe et Aegismédia.
2. Méthode mise au point par W. Chan Kim et Renée Mauborgne, Insead.

Le cas TOYOTA : l'échelle de valeur dans le secteur de l'automobile

Dans le classement Interbrand de 2010, TOYOTA apparaît en tête de la catégorie automobile, alors même que les ventes Prius Hybrid (dont on pourrait supposer qu'elles soutiennent l'image de la marque) ne sont plus majoritaires. Il n'empêche : la Prius a tiré la marque vers le haut et a donné une image de précurseur à la marque, concrétisant son engagement en faveur du développement durable. Aujourd'hui TOYOTA réinvestit ce capital de marque dans la mise au point d'un système censé prévenir les risques cardiaques au volant : au moins 15 % des conducteurs accidentés ont été victimes, avant l'impact, d'une mort soudaine, liée pour la plupart à un problème cardiaque. Désormais, quand un client achète une TOYOTA, il a le sentiment de participer à l'avenir de l'automobile !

- **En misant sur la fonction sociétale du produit pour créer la préférence.** Les arguments du commerce équitable, des services fournis par l'entrepreneuriat social, de l'ISR (investissement socialement responsable), des filières et circuits courts touchent une frange croissante de la population. Les clients sont en effet sensibles à l'effet de leurs achats sur « la communauté monde », c'est-à-dire au fait de savoir qu'ils contribuent positivement – au travers de l'acte d'achat – à une cause humanitaire, écologique, sociale, etc. C'est un ressort bien connu : la mauvaise conscience née du contraste entre le mode de vie occidental et celui des plus démunis dans les pays en développement (dont les images sont relayées par les médias) est ponctuellement contrebalancée par le sentiment de participer à une cause globale. Même de façon infinitésimale. Si acheter devient utile à la planète, alors...

Le cas Lu : quand le produit fait connaître la biodiversité

Les petits-beurre de Lu (présents dans 9 foyers sur 10 !) arborent sur leur paquet leur engagement pour une culture du blé qui favorise la biodiversité au travers d'un programme Harmony. Pour cela, une nouvelle charte a été élaborée avec les agriculteurs qui à la fois améliore la qualité, mais aussi contribue à la biodiversité dans les plaines céréalières. Cette nouvelle charte associée à un jeu sur Internet pour sensibiliser les enfants, et les ventes augmentent de 8 % en 6 mois ! Résultat : une marque leader, un point de repère encore plus fort et une démarche internationalisée pour un développement rapide !

PROPOSER DE VRAIS BÉNÉFICES PRATIQUES

C'est un critère distinguant. En ces temps de remise en question de la consommation et du mode de développement occidental, rien ne compte davantage que l'utilité véritable d'un produit, sa durabilité et les fonctions connexes qu'il permettra de développer et qui assureront un double usage par exemple.

On peut en distinguer plusieurs.

- **Les bénéfices liés à la solution produit** : plus de fonctions, plus de praticité, de liberté d'accès (grâce à une proximité géographique par exemple), philosophie du « juste usage » (comme pour les assurances dites *as you drive*), gain de temps, meilleure fiabilité et meilleure traçabilité (grâce aux TIC, aux puces RFID, etc.).
- **Les bénéfices liés à l'usage** : avec la dématérialisation ou la location, c'est un moyen de décharger le client de l'entretien et/ou de la gestion du produit. Et donc un moyen de lui faire gagner du temps dans l'utilisation même du produit. Cela fonctionne particulièrement bien pour les produits à forte valeur technologique, à forte rotation et/ou à utilisation périodique, comme les ordinateurs, les voitures, une bicyclette (Vélib'), l'outillage (les

bricothèques), etc. Le consommateur voit donc ses coûts d'usage diminuer, alors même qu'il utilise le produit – parfois plus. Cela le décharge enfin de la gestion de la fin de vie du produit.

> **Le cas MICHELIN : passer de la vente d'un produit à la location d'un usage**
>
> C'est l'exemple emblématique de la mutation possession/usage réussie : avec Fleet Solutions, MICHELIN permet à des entreprises de transport de louer des kilomètres parcourus et « entretenus », plutôt que d'acheter des pneus et de les renouveler. Cela signifie que MICHELIN prend en charge la maintenance des pneus et leur recyclage. Au bout du compte, pour le client, cela signifie une gestion simplifiée, moins d'investissement et plus de sécurité !

- **Les bénéfices externes et/ou indirects** : il s'agit des bénéfices croisés pour la santé et pour la planète (nombre de produits alimentaires), qui font référence aux valeurs du mieux-être : labellisation de matières premières, suppression de substances dites « vides » et considérées comme écologiquement néfastes (comme c'est le cas avec l'huile de palme qui a été retirée de nombreux produits alimentaires Casino sans changer leur goût), valorisation de savoir-faire ancestraux (dans les produits cosmétiques ayurvédiques par exemple), etc.

> **Le cas SODEXO : le bien-être s'installe même à la cantine**
>
> SODEXO propose aux restaurants d'entreprise de servir des menus bien-être, végétariens, *low carbone*, locaux, bio, conformes aux pratiques religieuses de chacun, etc. La cantine est en effet le symbole des liens « humains » que tisse une entreprise avec ses collaborateurs. C'est également un laboratoire où toute proposition, parce que répétée chaque jour, peut faire évoluer durablement les comportements.

PORTER DE L'ÉMOTION ET DU DÉSIR

C'est le ressort traditionnel de la publicité. C'est aussi un ressort essentiel du marketing durable. Ce n'est pas parce que le produit est plus durable qu'il doit forcément être associé à une image rébarbative !

Il y a plusieurs ressorts possibles pour activer cette dimension chez le client.

- **Susciter sa curiosité** ! Le consommateur est aussi un citoyen, peut-être même un parent et il apprécie que l'usage d'un produit sorte du strict cadre de la consommation classique ou de l'usage professionnel. C'est le petit plus qui fait la différence. Ce petit plus est souvent quelque chose qui pique la curiosité et qui va marquer l'esprit du client durablement, voire développer chez lui une nouvelle pratique de consommation.

Le cas Armorlux : communiquer par la fierté

La solidarité, le sens, le partage sont des valeurs qui, associées à un produit de consommation courante, éveillent l'intérêt. Le client en vient à s'intéresser au produit (et à ses valeurs : ce qu'elles cachent ou comment elles sont mises en pratique). Il expérimente, apprend. Séduit, la fidélité à la marque sera alors très forte.

C'est ce qu'a compris Armorlux qui habille désormais les agents de La Poste et de la SNCF de tee-shirts en coton équitable. Leurs tenues favorisent de plus le développement d'une PME française, et tout ceci contribue à faire des postiers les meilleurs ambassadeurs de la marque. Enfin, la production a été relocalisée à Quimper et à Troyes avec pour valeurs phares : qualité, éthique et tradition. De quoi susciter une certaine fierté chez ceux qui portent la marque ! Résultat : la marque a pu s'extirper des aléas de la mode, alors que dans le même temps son chiffre d'affaires a augmenté de 263 % en dix ans !

- **Transmettre une information stimulante.** Associées à la transparence, ce sont des conditions de bonne transmission d'un message lié à une marque responsable. Il s'agit donc de jouer franc-jeu et de délivrer au client une information de qualité, fiable, qui l'aidera à faire ses choix parmi les différents produits. La confiance est en effet un gage indispensable pour une marque. Elle se prouve au quotidien, et toutes les démarches qui créent de la proximité ou qui apportent un soutien au client (pour répondre à des enjeux nouveaux, qu'ils soient économiques, réglementaires ou écologiques) peuvent le permettre. C'est un point d'autant plus important qu'en matière de développement durable, les Français ne font pas confiance aux grandes entreprises pour 63 % d'entre eux[1]...

Le cas Leroy Merlin : informer pour aider le passage à l'acte

Au travers de son catalogue *Inventer la maison de demain* et de l'affichage environnemental[2] développé sur certains de ses produits, Leroy Merlin apporte une information sur les impacts du produit, et promeut ainsi ceux qui favorisent à la fois les économies d'énergie et d'eau (des milliers de mousseurs vendus !). Leroy Merlin donne par la même occasion à chacun la possibilité de faire un choix éclairé prenant en compte les économies potentielles, la praticité d'usage, les impacts environnementaux, etc. Un parfait exemple d'une information claire qui invite à agir.

LES PIÈGES À ÉVITER

1. **Baisser les bras...** À la suite du développement d'une nouveauté, l'équilibre est toujours difficile à trouver : la nouvelle valeur n'est pas toujours clairement perceptible par le client,

1. Étude Ethicity 2011 en partenariat avec l'Ademe et Aegismédia.
2. En partenariat avec Ethicity et Evea.

et cela ne marche pas tout de suite. Du coup, les premiers résultats économiques ne sont pas toujours au rendez-vous à court terme, et ce d'autant plus que, bien souvent, on ne peut augmenter le prix même si la production est plus chère. Mais ne vous découragez pas, n'arrêtez pas et gardez le cap ! C'est simplement une question de temps...

2. **Penser qu'il existe une solution unique et magique**. Erreur fatale : chaque client est différent et ce qui a de la valeur pour l'un, n'en a pas pour l'autre. Comment faire alors ? Simplement en élargissant l'offre au maximum et en la diversifiant. Cela est facilité en allant vers le service et l'usage plutôt qu'en pensant produit.
3. **Sur-promettre**. C'est une tendance classique, surtout lorsque l'investissement consenti par l'entreprise est important. On veut un retour sur investissement rapide, éviter justement que la perception de la nouvelle valeur soit trop longue. Pourtant, il faut que le message reste équilibré. Plus la promesse est importante et haute, et plus grande est l'attente à satisfaire !
4. **Être trop à l'écoute**. C'est une erreur qui peut paraître paradoxale dans le marketing, et pourtant : être trop à l'écoute du client n'est pas forcément un bon compas pour l'entreprise, car comme nous l'avons vu précédemment, les préférences du client changent rapidement. Le plus simple est encore – parfois – de proposer une nouvelle offre innovante, et ainsi de créer la demande qui n'existait pas. Il est possible de faire évoluer les représentations sociales dans ce domaine. Tout est en friche !

Un cas de A à Z : McDonald's

En deux mots

Il y a à pleine plus de dix ans, McDonald's était vu comme le symbole de la malbouffe. Les critiques étaient vives et appuyées par une contestation relayée largement (voir les films comme *Supersize me* sorti en 2004). Depuis, l'enseigne s'est renouvelée en profondeur et a considérablement modifié son image auprès du grand public, aussi bien que ses process en profondeur.

Résultat : une croissance de 8,1 % du chiffre d'affaires entre 2009 et 2010, 1 196 restaurants fin 2010 dans toute la France, 30 de plus en 2011 et une forte rentabilité pour les franchisés. On note également l'arrivée d'une nouvelle clientèle.

Les clés du succès

- Pas de politique de l'autruche afin de prendre les problèmes de front (malbouffe, obésité, malaise social…).
- Innovation orchestrée de l'amont à l'aval (matières premières, offre, exploitation, etc.).
- Large mobilisation des équipes (à travers de la formation, de nouveaux outils).
- Mise en valeur d'un réel bénéfice (accessibilité, santé, etc.).

Comment faire

- **Faire évoluer le produit**. À travers des partenariats avec ses fournisseurs (notamment les agriculteurs pour définir un socle commun de qualité agricole) et de grandes marques certifiées (par exemple Jacques Vabre pour le café), les produits ont évolué en profondeur. La marque s'est contrainte à n'acheter que des produits français et a diversifié son offre en élargissant la gamme (notamment à destination des enfants : la boisson par défaut dans les Happy Meal® est désormais l'eau minérale, on trouve désormais des salades avec sauces allégées, des fruits en tranches, des produits bio en 2010…).
- **Entamer une large démarche de réduction de l'impact environnemental**. McDonald's a lancé une démarche de réduction de l'impact CO_2, de récupération des huiles de friture (pour les transformer en carburant), de réduction des emballages. L'enseigne a également développé le logiciel de gestion ÉcoProgress dans les

magasins, qui permet d'en optimiser l'impact environnemental à travers un suivi quotidien.

- **Faire de l'entreprise un ascenseur social.** 1/3 des employés du siège et 2/3 des responsables ont commencé leur carrière dans un restaurant. 52 % des équipiers poursuivent leurs études. L'emploi local est privilégié.
- **Communiquer et informer.** Les produits sont étiquetés d'informations nutritionnelles, les sets de table transmettent des recommandations diététiques, le site Internet met à disposition un calculateur nutritionnel. Depuis 2001, l'entreprise assume sa présence au salon de l'Agriculture, elle assure un dialogue avec ses détracteurs. Enfin, la marque a fait passer son logo du rouge historique… au vert !

Chapitre 4 ■

Changer son approche et expérimenter

« Paradigme (à changer), imagination (à trouver), expérimentation (tâtonner pour avancer). »

Les mots-clés pour réinventer, selon Dominique Bourg, philosophe. Colloque « Comment réinventer », CHEDD, 29 juin 2011.

Se demander comment innover revient à poser une question étrange : comment être créatif ? Est-ce que c'est quelque chose que l'on devient ou que l'on est ? C'est un peu des deux... Mais il est clair que l'état d'esprit général de l'entreprise jouera pour beaucoup dans sa capacité à innover et à rester créative. Le développement durable est un moteur fort de l'innovation. C. K. Prahalad, Ram Nidumolu et M. R. Rangaswami[1] le formulent ainsi : « Le leadership et le talent sont critiques pour développer une économie bas carbone. Les approches traditionnelles du business vont disparaître et les entreprises vont devoir développer des solutions innovantes. Cela arrivera quand les dirigeants reconnaîtront une simple vérité : développement durable = innovation ! » Prahalad définit quatre étapes pour réussir : voir

1. « Why sustainability is now the key driver of innovation », *Harvard Business Review*, septembre 2009.

dans les obligations des opportunités, rendre sa chaîne de valeur durable, designer des produits ou services durables et développer de nouveaux *business models*.

Sans définir une méthode de créativité, voici ci-après trois points clés indispensables pour permettre à une innovation d'émerger.

Obstacles

- Le changement et l'innovation sont souvent les conséquences d'une contrainte. Car tout existe, surtout sur les marchés matures où l'offre est pléthorique. Donc tant que cela n'est absolument pas nécessaire, il est difficile de sortir des schémas de pensée habituels, de voir au-delà du marché qui est le sien, de sa sphère de compétence. Il faudra attendre d'y être vraiment obligé…
- Le succès commercial ne récompense pas toujours l'innovation. Question de timing : nombre de précurseurs ont simplement échoué car ils ont innové trop tôt. Le consommateur n'était pas prêt. Cela arrive notamment lorsque faire usage de l'innovation implique un changement de comportement dont le bénéfice n'est pas immédiat pour le client (lessives en tablettes, recharges de produits cosmétiques qui réduisent l'emballage, etc.).

Opportunités

- Expérimenter est une façon de se confronter au réel, petit à petit, par apprentissages successifs. Et en plus, cela ne coûte pas cher !
- L'innovation est aussi une façon de développer un nouveau regard sur son métier. Et de réinterroger ce que l'on fait et comment on le fait.
- L'innovation permet de prendre place dans les marchés émergents : services à la personne, offres dédiées aux seniors, énergie, gestion de fin de vie des produits (qui est devenu un secteur à part entière). Pourquoi ne pas y être présent ?

Conditions du succès

- Donner confiance aux équipes, transmettre l'énergie et l'envie sont des conditions de la réussite. Cela suppose de mettre en place des moyens *ad hoc* : méthodologies spécifiques, allocations de ressources humaines et financières, etc.
- Définir des objectifs est nécessaire. Mais il ne faut pas se laisser obnubiler par la fin ! Oui, il faut aller au bout des projets, ne pas baisser les bras si des difficultés se présentent, assurer des conditions de fiabilité (économique et industrielle), mais il faut aussi sortir rapidement de la pensée *quick win* et s'ouvrir au droit à l'erreur, pour lâcher un peu le contrôle. Ce n'est pas une chose facile !

CHANGER DE MODE DE PENSÉE

Facile à dire, difficile à faire. C'est tout l'enjeu de la prise de recul, difficile quand on a « le nez dans le guidon ». Alors bien souvent, on fait appel au regard externe d'un consultant. Pourtant, il existe des techniques simples et élémentaires pour tenter d'élargir sa vision du business, pour voir au-delà des marchés connus, pour changer de mode de pensée et développer un nouveau savoir-faire, pour créer une niche : en somme innover.

Voici deux approches possibles et complémentaires.

- **Se projeter dans le futur.** Il convient alors d'envisager plusieurs scénarios, à 10, 20 ou 30 ans. À 10 ans par exemple, un scénario peut proposer un renforcement de la réglementation, des régulations internationales et une montée en puissance de l'intérêt collectif mondial. Un autre, au contraire, peut prévoir le développement des communautarismes, un repli général sur soi. Un autre encore, complémentaire, voit les multinationales comme de plus en plus puissantes face à des États défaillants. Il y a des hypothèses en lien avec des évolutions incertaines. Mais il y a aussi des paramètres certains à prendre en compte : le renchérissement des matières premières, les nouveaux défis environnementaux et sociaux, la demande croissante pour de la transparence, etc.

Pour un business donné, il convient de rechercher quels seront ces paramètres incontournables qui impacteront l'activité. Et de définir alors des objectifs ambitieux pour obliger à envisager des scénarios de rupture. Pour ensuite construire le chemin qui permettra d'atteindre ces objectifs. L'approche se doit d'être holistique et non uniquement environnementale : l'innovation sera une éco-socio-innovation.

Le cas Danone et Forum for the future : tracer la route en partant du probable

Forum for the future, ONG anglaise, a accompagné Danone, en synergie avec Ethicity, dans le renforcement de sa vision et de ses objectifs à 10 ans. Comment ? En révélant à l'entreprise les critères d'évolution qui impacteront son business, quels que soient les scénarios envisagés. En clair : quels sont les enjeux incontournables auxquels l'entreprise va devoir faire face dans les années à venir. Cela force, en se projetant, à éviter l'écueil d'un simple étirement des courbes prévisionnelles et pousse ainsi à l'innovation de rupture.

- **Penser global, agir local.** C'est devenu un leitmotiv bien connu. Pour une multinationale, cela signifie essentiellement expérimenter dans une partie du monde pour étendre ensuite son offre à l'ensemble de la planète. Les pays émergents sont devenus rapidement les laboratoires de l'innovation. Car c'est là que les usages nouveaux apparaissent, tout simplement parce que certaines infrastructures n'existent pas encore. On peut y inventer de nouveaux modèles *low cost* adaptés aux besoins de la population puis consolider l'offre avec l'expérience avant de la développer de façon multilocale en fonction de chaque contexte.

Le cas Orange : innover dans un pays laboratoire pour le bénéfice de tous

Orange a bien compris que certains pays (notamment en développement) où certains services de base n'existent pas encore, sont des terrains formidables pour innover. Ainsi l'entreprise développe-t-elle dans les pays africains de nouvelles applications mobiles liées au paiement à distance et permet-elle localement de sécuriser les transferts. Ces applications permettent également aux petits producteurs locaux d'accéder aux cours des matières agricoles (et issues de la pêche) dans la capitale, ce qui leur donne la possibilité de négocier au mieux leurs prix de vente !

- **Encourager l'ouverture et la non-censure créative.** Ne vous arrêtez pas aux contradictions apparentes, les barrières sont souvent dans nos têtes. Qui aurait pensé que laver une voiture sans eau était possible ? C'est pourtant ce que propose l'innovante SINEO (voir p. 7). Mettez-vous également à la place des autres, des clients notamment, en allant vivre sur le terrain « l'expérience consommateur ». Et dépassez les retours de ces derniers, prêtez attention aux signaux faibles, aux arbitrages discrets (le principal concurrent dans le budget des ménages à l'alimentation est le poids du budget mobile ou sorties), à l'évolution des représentations sociales. En clair, il faut être à la fois connecté et en alerte !

Enfin, pensez à revenir aux bases, à réutiliser des produits ou des recettes anciennes si nécessaire, à vous appuyer sur l'expérience des seniors. Et sachez regarder le formidable potentiel d'innovation qu'est la nature (la démarche de biomimétisme en est un parfait exemple).

Le cas GOOGLE : quand les passions sont un moteur

C'est un cas d'école : dans la grande firme américaine, les collaborateurs sont encouragés à consacrer jusqu'à 20 % de leur temps à l'*Innovation time off* (principe du « temps libre novateur »). La créativité est encouragée, non bridée, non censurée. Tous les projets sont soumis à un groupe de collaborateurs qui sélectionne les meilleurs. Pour le plus grand bénéfice de l'entreprise puisque c'est à elle qu'appartiennent les innovations qui émergent ! C'est le contrat passé avec les collaborateurs... Ce système a permis ainsi à des projets comme Google Adsense, Gmail ou Street View de voir le jour.

ÉMERGER COMME UN LEADER ET UN MOTEUR DU CHANGEMENT

Une marque responsable peut jouer un rôle dans l'évolution des comportements de consommation. Surtout si les valeurs de la marque et son pouvoir d'attraction sont liés à des enjeux propres au développement durable : alimentaire, énergie, transport, etc.

Plusieurs possibilités existent.

- **Concrétiser la philosophie du *less is more*** en apprenant le « faire sans ». Cela peut passer par une diminution des emballages, une augmentation des concentrations des produits (lessives par exemple), revoir le packaging et le design du produit, etc. Mais cela peut signifier aussi trouver des produits de substitution à certaines matières premières, des produits dont l'impact environnemental est moindre. Cela nécessite l'utilisation d'outils type ACV ou bilan carbone. Et surtout de penser « fonction » : le quinoa, par exemple, cultivé en Bolivie, est très riche en protéines et, dans certains cas, peut remplacer la viande ou le lait pour les consommateurs qui souhaitent réduire leur consommation de viande (et donc leur impact carbone). La culture du quinoa crée par ailleurs de nombreux emplois dans des zones difficiles. Attention néanmoins : la surexploitation de cette céréale « endémique » rend le système peu pérenne ; rien n'est parfait, les conditions du déplacement des effets, dans ce cas surtout sociaux, devront toujours être évaluées. Aucun détail ne doit être négligé.

Le cas Procter & Gamble : diminuer le volume pour augmenter l'efficacité

Les lessives sont des produits constamment placés sous les feux des projecteurs en matière d'écologie. On leur reproche les pollutions associées, leur (sur)emballage, etc. En 2005, Procter & Gamble a donc lancé des plaquettes de lavage à froid qui permettent de réduire les impacts du transport (davantage de plaquettes par camion), évitent le surdosage et permettent des économies d'énergie (par le lavage à froid). Sans compter qu'elles sont beaucoup plus simples d'utilisation. Résultat : en 2008, 21 % des foyers anglais et 52 % des hollandais les ont adoptées.

- **Donner au consommateur les clés du changement individuel.** C'est un moyen de s'imposer comme pionnier. Cela nécessite une bonne dose de recherche et de développement, ainsi qu'une vraie réflexion sur le design fonctionnel. Mais ça marche : si le produit est séduisant, ludique dans son utilisation et permet en plus de faire des économies simplement, alors il sera tout de suite adopté. Et les précurseurs sont souvent rejoints par les leaders de leur secteur. Mais pour les clients, les premiers gardent souvent la préférence. L'attachement à la marque est alors très fort.

Le cas VOLTATIS : innover pour faire changer et devenir un leader

VOLTATIS est une PME du secteur de l'énergie. Dès l'ouverture du marché de l'électricité, l'entreprise a commercialisé le Blue Pod, un boîtier qui permet au client de suivre sa consommation en temps réel et ainsi de la réguler au mieux en fonction des pics de consommation nationaux notamment, et ainsi de les éviter, tout en faisant des économies (entre 7 et 10 % du montant de la facture totale). C'est ce qu'on appelle une *smart grid*. Le client s'y prête de bonne grâce, d'autant plus qu'on lui communique une information de qualité ! Effet positif collatéral : une réduction allant jusqu'à 30 % des émissions de CO_2 pour un bâtiment. Car les KW économisés par les clients, agrégés les uns aux autres, permettent à VOLTATIS d'éviter le recours aux centrales d'appoint, essentiellement thermiques et polluantes. Bien sûr, VOLTALIS a vite été rejoint par EDF qui a développé un compteur intelligent. Mais ce n'est que le début des *smart grids*, nous n'avons encore rien vu !

IMPLIQUER TOUT SON ÉCOSYSTÈME

Innover en réfléchissant à titre individuel, en prenant du recul, en se décalant est nécessaire mais insuffisant. Sans communication et sans volonté de partage et d'adhésion de l'ensemble des collaborateurs au nouveau projet, toute innovation a de fortes chances de mourir avant même d'avoir commencé à vivre. Afin de faciliter l'acceptation des projets par l'entreprise et son écosystème, il convient de mettre en place une démarche collaborative, aussi bien en interne qu'en externe.

- **Raisonner collectif et développer la co-construction.** Cela passe par une transformation profonde du marketing : ne plus être « sachant » mais facilitateur, intégrateur plutôt que faiseur. C'est un métissage des expériences externes qui nécessite une ouverture vers les fournisseurs, les collectivités, les pôles de compétence, les CCI, etc. C'est rapprocher entreprise commerciale, actions d'insertion et entrepreneuriat social. C'est aussi profiter des supports et des aides à l'innovation (*via* l'ADEME, OSÉO, la CDC, etc.) tout en ouvrant la réflexion critique à l'externe avec les ONG, les experts, les chercheurs, les universitaires, les parties prenantes, etc. Il ne faut donc pas hésiter à s'associer à des partenaires spécialisés pour co-construire l'offre. Beaucoup de grandes entreprises investissent ainsi dans des start-up et externalisent une partie de leur R & D : SCHNEIDER ELECTRIC et ALSTOM avec Aster Capital, la SNCF avec Éco-mobilité partenaires, SUEZ ENVIRONNEMENT avec Blue… C'est stimulant, enrichissant et mobilisateur !

Le cas DANONE : passer de l'idée à l'action par la co-construction

Quand l'idée de PROXICITY germe chez DANONE (un nouveau réseau de distribution en centre-ville à destination des boulangers), c'est une idée qui est en apparence non rentable (quantités trop faibles, marges limitées, difficultés

> d'accès). En le codéveloppant avec l'entreprise La Petite Reine (livraison à vélo), Proxicity permet à présent à des jeunes en insertion de bénéficier d'une formation qualifiante tout en créant de nouveaux circuits de distribution et des emplois. Le tout en réduisant son impact carbone !

- **Créer une dynamique d'innovation en interne.** L'innovation est d'abord une posture d'esprit. Elle doit donc être encouragée en interne, à tous les niveaux de la chaîne de production dans une perspective transversale, sans cantonner la démarche à la R & D. Pour cela, il faut donner des outils simples, transmettre des méthodologies, organiser des séjours d'immersion et de découverte, former. Il peut être également utile de stimuler les équipes par des récompenses pour les meilleures innovations, comme cela est fait chez Rhodia. Le directeur développement durable aura alors comme fonction de susciter la transversalité de la démarche entre les métiers et les filiales. L'innovation durable est un bon levier du changement culturel.

> **Le cas La Poste : le marketing, levier de l'innovation durable**
>
> La Poste a développé une charte marketing qui oblige les concepteurs de nouveaux produits à intégrer la stratégie de responsabilité et de durabilité dans toute réflexion sur un nouveau produit. En développant ce nouveau référentiel, La Poste permet aux équipes de bénéficier d'une grille d'autoévaluation des projets au regard de leur durabilité. Le questionnaire vise ainsi à sensibiliser les équipes, à évaluer les offres de service et à faire émerger des recommandations. Le questionnaire couvre l'ensemble du cycle de vie du produit. L'innovation marketing se transforme alors en formidable levier pour le développement durable.

LES PIÈGES À ÉVITER

1. **Ne pas y aller à fond.** Si la démarche est portée par une conviction et que vous la pensez juste, ne soyez pas frileux ! Expérimenter, oui, mais de façon à pouvoir déployer ensuite pour éviter le syndrome « on a essayé mais cela n'a pas marché » !
2. **Oublier la dimension développement durable** dans la démarche d'innovation... et vouloir l'introduire ensuite alors qu'il est trop tard ! Cela doit être intégré dès l'origine sous peine de faire échouer l'une et l'autre.
3. **Manquer de modestie.** Ce n'est pas parce qu'une marque innove qu'elle doit nécessairement le proclamer. Cela expose à des risques de réputation en cas de message trop déceptif communiqué au consommateur. Le chemin de l'innovation est un chemin de l'humilité : il faut avancer pas à pas !
4. **Hésiter à s'attaquer aux vrais enjeux** et ne pas user des outils type ACV qui sont les seuls à même de révéler les impacts environnementaux des produits sur la totalité de la chaîne. L'innovation n'est véritable que si elle s'appuie en amont sur des données concrètes, solides et une démarche rationnelle.
5. **Se précipiter.** Il ne faut pas brusquer les choses, ni vouloir faire évoluer les repères trop rapidement ! Tout le challenge sera de trouver le juste équilibre entre la lisibilité, la compréhension du bénéfice pour le client (c'est-à-dire sa vitesse d'adoption) et le degré d'innovation proposé par le nouveau produit.

Un cas de A à Z : la SNCF

En deux mots

Le cas de la privatisation de la SNCF est tout à fait emblématique d'une transition et d'un changement d'approche drastique qui ont nécessité un bouleversement de la culture de l'entreprise. En passant du public au privé, la SNCF a pris de plein fouet la concurrence. Son tissu social traditionnel, fort mais frileux, a poussé à des filialisations, des restructurations et à des changements de méthode non sans douleur, mais qui furent couronnés de succès.

Les clés du succès

- Une nouvelle vision de son métier portée au plus haut niveau : passer du produit au service, du transport à la mobilité.
- L'initiative et la créativité encouragées à tous niveaux dans l'entreprise.
- Des méthodologies en support, des process et une direction développement durable qui impulse une dynamique forte, avec le soutien du président.

Comment faire

- **Mettre en place une démarche d'innovation globale et transversale.** Dans chaque division (proximité, TGV, gares et connexions), mêlant tous les métiers avec des équipes opérationnelles, les collaborateurs ont ainsi été invités à consacrer 15 % de leur temps à l'innovation et au marketing pendant une période de 6 mois. En région, une grande liberté d'initiative a été laissée aux chefs de ligne ou de gare pour expérimenter leurs idées. Toute cette démarche fut appuyée par une méthodologie solide développée sur la base de la Blue Ocean Strategy[1].
- **Se libérer des contraintes artificielles.** La SNCF a accepté de remettre en cause un des fondamentaux du TGV, sa vitesse. Ainsi, il fut question de TGV qui circuleraient moins vite ou dont les coûts d'exploitation (et donc d'achat du billet) seraient moins élevés parce que la consommation de carburant serait moindre.

1. Méthode développée par le professeur Kim et Renée Mauborgne, Insead, et utilisée par BlueCrest Consulting en partenariat avec Ethicity.

- **Créer collectif et s'inspirer des autres à travers des partenariats complémentaires.** La SNCF s'est ainsi rapprochée D'EXPEDIA (pour voyages-sncf.com), a soutenu GREENCOVE (société de covoiturage), a travaillé avec le Massachusetts Institute of Technology (MIT)...
- **Écouter et rester ouvert à la critique.** La SNCF a mis en place tout un système de blogs lui permettant de dialoguer avec ses publics, d'écouter ses clients, de faire remonter leurs opinions en lançant des débats. En 2008, elle lançait TGV Lab, un véritable laboratoire d'idées réservé à une communauté de testeurs. Elle a également initié des démarches de concertation avec les parties prenantes et les acteurs des régions.

Chapitre 5

Rester pionnier par l'innovation continue

« Innover, c'est facile. Il est plus difficile de transformer une innovation en un vrai business. »
Michael Dell, fondateur de la marque DELL.

Innover pour conquérir de nouveaux marchés, pour séduire de nouveaux clients, pour rester sur la vague et ne pas se faire dépasser... Soit. Mais l'enjeu est de conserver les bénéfices de l'innovation sur le long terme et de garder le *lead* tout en capitalisant les bénéfices. Sinon, c'est du *one shot* : coûteux à court terme et peu rentable à long terme. Il faut donc veiller à entretenir la dynamique d'innovation, à ne pas se faire « damer le pion » par des concurrents plus puissants qui pourraient s'engouffrer dans la brèche, même si la valeur d'une marque pionnière est éternelle et que son rôle est d'ouvrir à de nouveaux modèles. Alors comment rester toujours celui qui tire le mouvement ? Il y a plusieurs façons d'y parvenir, toutes complémentaires : d'abord en gardant un esprit d'anticipation continue, puis en se recentrant sur les fondamentaux du besoin client, et enfin en valorisant l'humain dans chaque innovation.

Obstacles

- « Tout existe déjà, tout a déjà été fait » et donc les pionniers de chaque innovation aussi. Il est très difficile de prendre des places qui n'existent pas, de recréer de vraies ruptures nouvelles appuyées sur de vraies différences. Seul le domaine des nouvelles technologies y parvient.
- Il est tout à fait possible, quand on innove, d'être très vite confronté à la barrière de l'élément prix. La valeur développement durable d'un produit est certes un critère de plus en plus pris en compte par les clients/fournisseurs dans leurs choix, mais ce n'est pas le critère prépondérant dans l'acte d'achat, sauf exception…

Opportunités

- Innover et prendre le *lead* dans un secteur, cela permet de créer de vrais liens de proximité avec ses clients, de les rendre plus fidèles et de s'assurer – à travers leur adhésion – d'un support crédible.
- La différenciation est le sésame que recherchent toutes les entreprises pour s'extirper de la concurrence. 82 % des entreprises considèrent aujourd'hui que la RSE est un vrai élément de différenciation.
- Prendre le *lead* sur un aspect développement durable, c'est s'assurer de renforcer la valeur de son produit et de créer de la valeur pour la marque.

Conditions du succès

- Être pionnier en matière de développement durable, c'est d'abord un état d'esprit et un projet d'entreprise global qui nécessite l'énergie de chacun, de toutes les équipes. Il devra être promu avec cohérence tout au long de la chaîne de valeur.
- Créer une réelle différence dans le produit ou le service pour éviter le piège de l'innovation à la marge, qui conduit bien souvent au *greenwashing*. Il faut donc se poser les vraies questions : faisabilité technique, financière, viabilité à moyen terme. Et surtout, intérêt pour le client !

CONSERVER UNE LONGUEUR D'AVANCE

C'est la première et la plus forte des conditions pour rester pionnier une fois passé le stade de l'innovation. En clair, cela signifie ne pas se reposer sur ses lauriers (éventuels) et poursuivre sur la voie de l'innovation, créer sans cesse et entretenir la créativité en stimulant les équipes. Ce n'est pas parce que vous êtes arrivé une fois à quelque chose de bien que vous devez vous arrêter en si bon chemin !

- **Anticiper les phénomènes de société.** Aller vers un développement plus durable est une tendance sociétale de fond. C'est un fait acquis qui n'a plus rien d'un constat anticipatif. Encore fallait-il le percevoir il y a quelques années ! Anticiper les phénomènes de société dans ce domaine, ce serait aujourd'hui voir que, en majorité, les consommateurs n'envisagent pas d'achat strictement fondé sur la durabilité et recherchent à concilier plaisir et responsabilité. La responsabilité seule n'est pas vendeuse, car elle concerne essentiellement le moyen et long terme. Si elle n'est pas associée au plaisir ou à un bénéfice de court terme, à quoi bon pour le client ? Le souci des générations futures trouve là ces limites... Être en veille et surtout se placer sur le terrain en laissant son intuition penser à demain permet de mieux sentir là où le vent nous pousse.

Le cas BEN & JERRY : l'agroalimentaire et le souci de concilier plaisir et durable

Ben Cohen, cofondateur des célèbres glaces BEN & JERRY résume bien l'enjeu : « *If it's not fun, why do it?* » Dès l'origine de l'entreprise, BEN & JERRY s'est positionnée comme une entreprise responsable : « *Business has a responsability to give back to community.* » Dans cette configuration, haute qualité produit et engagement vont de pair. BEN & JERRY fut pionnier... En rachetant la marque, UNILEVER a poursuivi dans l'innovation en bâtissant de nouvelles filières, en lançant des programmes de neutralité carbone et d'accompagnement des producteurs de lait (programme Dairy Cairing), conforté par la tendance nouvelle du retour au local et en gardant l'humour des fondateurs au travers de campagnes de communication décalées (*fair or not fair* au cinéma, par exemple)... Et la marque s'en porte à merveille !

- **Créer son marché et en changer.** Un bon moyen de conserver l'avantage comparatif sur la concurrence, c'est de sans cesse évoluer quand elle arrive sur votre marché, pour aller plus loin ! Cela nécessite une bonne dose d'investissements, d'innovation et de risques, mais c'est très payant.

Pour limiter les risques et les coûts, il est utile de s'appuyer sur le réseau de distribution existant, et de donner de la valeur à ses marques propres en leur associant un bénéfice sociétal (ce qui au passage permettra d'éliminer des coûts publicitaires et renforcera l'image de qualité). Cela poussera les autres marques à innover pour exister, et tirera ainsi le marché globalement vers le haut.

Le cas CARREFOUR : sortir le bio des magasins spécialisés

En 1997, CARREFOUR lançait sa gamme Bio avec la boule de pain BIO, ainsi que l'épicerie et la nutrition infantile certifiée. En 2009, ce sont 2 076 références de produits alimentaires bio commercialisées sous marques propres que l'on trouve dans les grandes surfaces CARREFOUR, et 515 références non alimentaires bio (cosmétique, textile, etc.) dans le monde entier... Les produits bio commercialisés ainsi sont donc en moyenne 25 % moins chers que dans les magasins spécialisés. Du coup, CARREFOUR est devenu le premier vendeur de bio en France, grâce également à des campagnes d'information fortes.

Par ailleurs, l'enseigne devenait en 2009 le premier vendeur-distributeur de commerce équitable, après avoir lancé en 2008 la gamme AGIR (éco-planète, pêche certifiée MSC, etc.).

RESTER CENTRÉ SUR LES FONDAMENTAUX DU BESOIN CLIENT

Le risque, lorsqu'on innove, c'est de se laisser porter par un premier succès et peu à peu, d'innovation en innovation, de se couper des véritables besoins du client. Or, s'il est très long et difficile d'acquérir la confiance d'un client, de le fidéliser, il est en revanche très rapide de perdre son intérêt, pour un produit qui n'aurait pas de valeur réelle claire. La déception est alors d'autant plus grande que la marque était associée à une image de pionnier. Elle risque d'être immédiatement reléguée au commun des marques.

Pour éviter cela et capitaliser sur son image de pionnier, il faut garder en tête les besoins fondamentaux du client, et ne jamais s'en écarter. Créer un besoin qui n'existait pas est un risque qui peut être pris bien sûr. Mais si on a coutume de dire que ce besoin est créé de toutes pièces, on se rend compte bien souvent qu'il était en germe, et que ce sont bien des pionniers qui ont su capter les signaux faibles et les transformer en quelque chose de concret pour offrir une réponse utile, avant même que le véritable besoin n'émerge. Cela s'appelle être visionnaire !

Plusieurs options sont possibles :

- **Ne pas perdre de vue les racines du produit et sa différence**. Si une niche nouvelle voit arriver de nouveaux concurrents, si la place d'un produit leader est contestée, si sa plus-value est remise en question face à l'avènement des préoccupations sociales et environnementales, alors c'est le moment pour se recentrer sur l'origine du produit (ce qui a conduit à sa création, ce qui a fait son succès de départ), c'est-à-dire sur le plus qu'il a apporté, le service qu'il a rendu et le besoin auquel il a répondu. Car il faudra le faire évoluer en fonction des évolutions sociétales, mais là encore, sans perdre de vue le besoin du client. Et surtout sans oublier ce qui a créé chez ce dernier de l'attachement à la marque. En investissant par exemple, selon les cas, dans une plus-value sociale et/ou environnementale.

Le cas BIC : un produit mythique pour lui faire conserver son leadership

Avec son stylo-bille jetable créé en 1950, BIC est devenue une marque emblématique. Elle a permis à tous d'accéder à un moyen d'écriture à bas coût. Puis il y a eu la différenciation dans d'autres produits répondant à des besoins différents mais de modalités d'usage similaires : rasoirs, etc. Aujourd'hui, Umberto Eco lui-même reconnaît que BIC est « l'unique exemple de socialisme réalisé car annulant tout droit à la propriété et toute distinction sociale ». Mais les temps changent et la marque est vite aussi devenue l'emblème... du tout jetable et du gaspillage. Elle a donc réagi, tout en conservant son bénéfice client, sa valeur ajoutée historique (design, praticité, accessibilité) : elle a complètement remis à plat son marketing en 2004, fait réalisé des ACV pour lancer en 2008 la démarche Éco-solutions. Cette dernière a permis de réduire les emballages et propose aux clients de retourner leurs rasoirs jetables et leurs stylos pour qu'ils soient recyclés. Résultat : la marque conserve son avance car elle reste appuyée sur les fondamentaux du produit, tout en ayant évolué pour répondre aux nouvelles préoccupations. Le cas parfait !

- **Créer des produits souples et adaptatifs.** C'est un moyen de garder la fonction mère du produit, celle qui déclenche l'acte d'achat, tout en permettant une évolution des produits pour faire face aux nouveaux enjeux, pour améliorer l'usage, pour permettre aussi une personnalisation des produits en fonction des besoins de chaque utilisateur. En clair, garder en tête que ce n'est pas tant le produit qui compte (il n'est en fait que la matérialisation émergée d'un besoin), que le service qu'il rend.

En cela, le développement durable est une opportunité de différenciation pour les PME. Selon un sondage BVA[1], 71 % des PME de 50 à 249 salariés ont déjà investi ou vont investir dans le développement durable, particulièrement dans le secteur agricole, BTP, services. Les fabricants de photocopieurs et d'imprimantes l'ont bien compris et louent désormais leur matériel au lieu de le vendre, avec une facturation à la copie. Cela a nécessité une toute petite évolution du matériel... pour un bond immense dans le développement durable !

Le cas Smart Flow Pooling : faire évoluer un produit pour rester pionnier

Quel lien y a-t-il entre palettes logistiques en plastique et développement durable ? Smart Flow Pooling, entreprise de palettes en plastique, a opéré sa mutation du produit au service : elle loue désormais des palettes au lieu de les vendre. Le prix intègre l'acheminement et l'entretien des palettes. Des puces RFID y sont intégrées afin de permettre au distributeur de suivre le trajet de la livraison et de l'optimiser. Du coup : économies carbone multiples, non seulement grâce à un transport bien géré, mais aussi parce que ces palettes en plastique sont plus légères que celles en bois et sont recyclables.

VALORISER « L'HUMAIN » DANS CHAQUE INNOVATION

C'est un des moyens de montrer sa différence. Désormais, une entreprise n'est responsable que si la dimension de l'humain, aussi bien en interne qu'en externe, est prise en compte. Cela

1. Engagement dans le développement durable, juin 2010, sur un échantillon de 701 chefs d'entreprise pour le ministère de l'Emploi et du Budget.

peut être à travers des démarches de bien-être des équipes, la bonne relation avec les fournisseurs ou partenaires, ou plus largement la valeur intrinsèque du produit et son lien avec un objectif global à dimension sociale (voir p. 21).

Plusieurs façons de faire sont possibles, dont voici les deux principales.

- **Replacer l'humain au centre par l'éco-socio-innovation.** Cela signifie contribuer à une action sociale globale à tous les niveaux de la chaîne de production, de commercialisation, de distribution : fabrication par des personnes en insertion, traitement de la deuxième vie des produits (téléphones portables, ordinateurs...) pour créer des emplois, bénéfice social à l'achat par la création de partenariats, etc. STEELCASE, l'entreprise leader du mobilier de bureau, a développé un nouveau service qui va au-delà de la vente de bureaux pour optimiser le bien-être des salariés par un aménagement de l'espace, une meilleure gestion de l'ergonomie des bureaux, l'amélioration de l'atmosphère. L'éco-socio-innovation est un facteur de durabilité du leadership, car elle crée un lien qui n'est pas uniquement commercial (et donc plus ou moins éphémère selon la concurrence), mais bien humain et affectif. C'est aussi un moyen de s'assurer de rester pionnier ou, en tout cas, d'être perçu comme tel car il est dur de détruire un lien humain !

Le cas SOL : penser *out of the box* pour se différencier

SOL est une entreprise de nettoyage de bureaux, une prestation habituellement perçue comme sans grande valeur ajoutée, et où la concurrence sur les prix est dure. Pour se différencier, SOL propose donc aux entreprises que le ménage soit fait dans leurs bureaux aux heures ouvrées, quand les salariés sont à leur poste, plutôt qu'avant leur arrivée ou après leur départ. En investissant dans des

> uniformes flamboyants, dans la formation des employés de ménage à la relation client, et en les transformant en ambassadeurs du tri auprès des salariés, SOL se différencie, apporte un nouveau service, et surtout crée une nouvelle relation d'interdépendance quotidienne entre les utilisateurs du client et le prestataire, donc une relation quotidienne *a priori* plus sensible et durable.

- **Répondre aux enjeux sociaux.** En dehors de la considération purement marketing qui fait des seniors un nouvel eldorado pour les entreprises, il faut bien constater que le vieillissement de la population est un enjeu majeur des civilisations occidentales pour les années à venir. Le nombre d'Européens de plus de 65 ans va croître cinq fois plus vite que le reste de la population au cours des vingt prochaines années et, en 2050, 50 % des citoyens auront plus de 50 ans[1]. En tirer parti pour développer de nouvelles offres est un réflexe bien naturel pour une entreprise : il faut répondre aux besoins de tous. Mais au-delà de l'enjeu purement commercial, miser sur la dimension humaine est un atout fondamental pour une entreprise responsable. Quand HEWLET PACKARD innove en développant des produits adaptés aux seniors, les effets dépassent le strict cadre d'une relation marque/client : cela permet à des personnes âgées de vivre de façon plus autonome et de rester à leur domicile, plutôt que d'intégrer des établissements spécialisés. Même équation pour l'entreprise LEROY MERLIN qui, si elle a développé avec succès des produits d'aménagement du domicile dédiés aux seniors, réfléchit actuellement à la création de services spécifiques pour cette population. L'impact de ces innovations a immédiatement un bénéfice social fort, et fait que la marque sera pour longtemps, aussi bien auprès des seniors que de leurs enfants, un leader incontesté qui leur aura rendu bien des services...

1. Eurostat 2008, *Les changements démographiques, défi ou opportunité ?*

Le cas ORANGE : faciliter l'autonomie des seniors *via* l'accès aux TIC

Afin de participer à lever la barrière technologique puissante qui bloque l'accès de nombreux seniors aux nouvelles technologies (notamment à Internet), ORANGE a développé une offre du nom de « Hello » qui, pour moins de 40 euros par mois, permet aux clients d'avoir accès à Internet sur un ordinateur tout équipé, préconfiguré au design intuitif et simplifié. Avec cette offre, ORANGE ouvre les portes d'Internet aux seniors et par des fonctionnalités simples, leur permet d'être totalement autonomes et connectés. Il est clair que, plus simplement que par une formation à l'existant, un appareil spécifique leur permet de maintenir un lien social et de rompre l'isolement créé par la barrière technologique.

- **Bâtir une histoire.** C'est la force des pionniers. Construire un mythe et un univers (ou les laisser se construire en les aidant un peu) crée de la connivence et de la sympathie auprès des clients, un univers de communication dans lequel ils pourront être acteurs et prendre part à l'évolution des services et des produits. C'est un moyen également de créer un espace de dialogue sur des thèmes sociétaux qui dépasse les simples produits et concerne directement les pratiques de l'entreprise, comme le font IBM avec Green & Beyond et PROCTER & GAMBLE avec Science in the box. Il est important à ce niveau de relier la démarche développement durable à l'histoire de l'entreprise, à ses valeurs, et d'expliquer en quoi l'évolution engagée s'inscrit dans une continuité. Enfin, quand on parle d'histoire, on parle aussi de conteurs. Et les meilleurs conteurs d'une entreprise sont ses ambassadeurs naturels : ses collaborateurs et son réseau de vente. Il faudra donc les former, ce qui est aussi une très belle façon d'embarquer les équipes dans l'aventure.

LES PIÈGES À ÉVITER

1. **Le premier, évidemment, paradoxal : la réussite**. Car c'est généralement celle-ci qui conduit à se reposer sur ses lauriers ! Or une bonne innovation est toujours très vite copiée. Il faut donc sans cesse se remettre en question. Et vite se remettre à l'ouvrage ! Pour cela, il est nécessaire de ne pas être dépendant d'un seul homme, fût-il un génie !
2. **La créativité bridée par le succès**. Corollaire du piège précédent : vous avez innové, vous avez réussi et êtes conscient qu'il ne faut pas s'arrêter là... Alors vous tentez de vous rattacher à votre produit/service leader pour l'améliorer à la marge. Et c'est là que vous risquez de perdre le *lead* ! Il faut sans cesse que la différence produit soit réelle dans une innovation et les suivantes. Sinon les améliorations seront perçues comme à la marge par les consommateurs, et vous risquez d'être taxé de manque de sincérité. Ou pire : d'ambition !
3. **Une histoire sans authenticité**. Si vous reliez votre démarche à une histoire, veillez à ne pas trop en faire. Mieux vaut démarrer un récit et une aventure sur des bases solides, modestes et sincères, que de vouloir raccrocher les wagons à un train lancé à pleine vitesse : c'est le *greenwashing* assuré !

Un cas de A à Z : ÉVIAN

En deux mots

ÉVIAN est une marque mythique, pionnière et leader mondial. Or, à partir de 2006, le marché des eaux en bouteille s'effondre, la concurrence exercée par l'eau du robinet et les eaux de source (moins chères) devient forte, alors que dans le même temps une remise en cause profonde du *business model* touche le marché.

Il fallait donc passer d'un marketing défensif à un marketing plus positif.

Les clés du succès

- Une vraie volonté politique portée par une vision du groupe DANONE.
- Un travail innovant sur les vrais enjeux, de l'amont à l'aval, et inscrit dans la durée.
- Un marketing qui ose expliquer la différence avec ses concurrents.
- Un engagement fort : la neutralité carbone.

Comment faire

- **Agir sur l'ensemble du cycle de vie du produit.** Transport en train, réduction du poids de l'emballage, co-construction d'une filière de plastiques recyclés (le RPET), réduction de l'usage de l'eau dans les usines, compensation carbone par la mise en place de programmes de replantation de mangroves (en partenariat avec l'ONG Oceanium)… Un outil informatique (DanPrint) a également été conçu pour que chaque salarié puisse gérer au plus près ses consommations carbone.
- **Initier une démarche de concertation avec l'ensemble des acteurs.** Pouvoirs publics, agriculteurs, entreprises, associations : tous ont été consultés pour la gestion de l'impluvium de la source, afin de préserver la zone. De ce fait, ce sont des démarches d'agriculture bio, de protection de la biodiversité et des zones humides classées zones Ramsar qui ont été initiées.
- **Organiser une communication complète et cohérente.** ÉVIAN a bâti une charte environnement pour la marque. Largement diffusée, elle a répondu aux détracteurs, apporté son soutien à la

Fête de la nature, valorisé la jeunesse à travers l'image de ses bébés, incité au tri, etc.

- **Diversifier en étant pionnier.** La marque a ouvert des Spa à Tokyo et Shanghai, lancé des cosmétiques en assumant son statut d'ambassadeur d'un « certain art de vivre à la française » (*dixit* Michael Aidan, patron mondial de la marque).

Chapitre 6

S'ouvrir et faire de nouveaux adeptes

« C'est très dur de fabriquer des objets pour une catégorie de gens. La plupart du temps, les gens ne savent pas ce qu'ils veulent avant que vous le leur montriez. »
Steve Jobs, fondateur d'APPLE, *Businessweek*, 1998.

L'enjeu stratégique n'est pas de vendre plus ni de parvenir par tous les moyens à déclencher l'acte d'achat dans une population nouvelle, c'est-à-dire à pousser l'achat hors de tout besoin réel pour le consommateur en ne jouant que sur l'impulsion. Non, toute la force de la démarche réside dans la volonté de rendre accessible un produit à des utilisateurs, qui sont hors/exclus du marché, un produit qui ait davantage de valeurs environnementales et sociales. Il faut donc dépasser les scepticismes, rompre la force des habitudes, etc. Cela ne peut être fait qu'en se posant les questions fondamentales qui lient moralement, dans le contrat, l'acheteur au vendeur : avantages, valeur ajoutée, praticité, quel service pour quel produit, etc. Il faut démontrer à l'acheteur que l'achat ou l'abonnement à un nouveau service qui évite l'achat en vaut la peine ! Pour conquérir, il y a les outils classiques du marketing, comme séduire et comprendre. Il faut ici les adapter pour faire de l'entreprise une entreprise responsable dès son arrivée sur le nouveau marché.

Obstacles

- On connaît généralement mieux ceux qui achètent que ceux qui n'achètent pas. Or ce sont ces derniers qui sont les plus intéressants à appréhender pour élargir son marché !
- Le management est souvent frileux face aux changements et aux remises en cause, à cause du sentiment d'insécurité qui en découle notamment. Il faut donc rassurer et former. Prendre des risques est difficile, mais parfois très payant !

Opportunités

- Remettre en question son activité, c'est une façon de créer de nouveaux marchés durables et non ponctuels ou provisoires (fondés sur des promos poussives par exemple). C'est l'occasion de réfléchir à de vrais bénéfices produits, le marketing durable est un marketing de l'offre.
- C'est aussi l'occasion de se réinterroger sur les fondamentaux de son produit/service et sur sa valeur d'usage.

Conditions du succès

- Réfléchir et agir en simultané à deux niveaux : assurer le *business as usual* avec des méthodes classiques auprès des clients traditionnels et historiques, et dans le même temps, expérimenter en étant prêt à renoncer à certains attributs qui ont pourtant fait le succès du produit/de l'offre, ou au contraire à généraliser des process qui n'engendreront pas de chiffre d'affaires à court terme (certifications par exemple).
- Cela suppose de revisiter les outils du marketing utilisés jusqu'alors, de se demander comment mieux les utiliser (raisonnement par cible, segmentation de niche, fixation du prix) et d'en élargir la finalité.

ÊTRE À L'ÉCOUTE

C'est une des qualités primordiales de tout bon marketeur : sentir la tendance. Pour cela, il faut avoir des capteurs, qui relèvent pour certains d'outils classiques (études, sondages, etc.), mais qui pour d'autres mobilisent davantage une sorte de « sixième sens », dont il s'agit ici. Il permettra d'éclairer l'entreprise sur les fondamentaux de l'innovation : les choses à faire pour que le client s'y retrouve et soit mis en confiance face à la nouveauté.

- **Sortir de l'analyse rationnelle pour se fier à son instinct sur le terrain**. Autrement dit, mettre de côté pendant un temps le cerveau droit (rationnel, mathématique, etc.) pour se laisser guider par les émotions... et surtout celles des clients et non-clients ! Ne pas se concentrer uniquement sur les études quantitatives, aller à la rencontre des non-clients, comprendre leurs attentes avec bienveillance et enfin expérimenter par soi-même la vente. Cela veut dire se mettre à l'écoute des signaux faibles, faire confiance à son ressenti. C'est toute une posture à développer qui est souvent bien éloignée des techniques classiques qui – puisqu'il est toujours difficile et anxiogène de « pré-voir » – tentent de rationaliser un maximum avec des méthodologies strictes et carrées. Les entreprises à la recherche d'une dimension émotionnelle dans l'innovation pourront organiser des *learning expeditions* afin d'aller à la rencontre d'entrepreneurs, de start-up, afin d'interroger des populations nouvelles. C'est ce qui permet de déclencher un changement de perspective pour penser *out of the box*. Lors de ces rencontres, il convient également d'être vigilant à ce qui se cache derrière le déclaratif, c'est-à-dire qu'il faut être sensible aux ressorts cachés. Faire preuve d'empathie, donc, pour comprendre que tel non-consommateur adopte ce comportement car il se considère avant tout comme consommateur responsable, par exemple, ou que tel autre aimerait bien mais n'en a pas les moyens, ou que tel autre déclare acheter responsable mais ne le fait pas...

Le cas Food & Brand Lab (F & BL) : reconstituer les conditions du terrain pour observer

Le F & BL est une initiative interdisciplinaire d'étude des comportements alimentaires créée en 1992 et rattachée à l'université de Cornell. Dans ses laboratoires, le F & BL reconstitue les conditions d'une cuisine et d'une salle de repas pour observer – avec l'aide de marketeurs, scientifiques, historiens, psychologues, médecins, journalistes – les comportements du consommateur en matière d'alimentation. Voilà un parfait exemple : sous les aspects d'une étude quasiscientifique, il s'agit en fait de rentrer en contact avec le ressenti client, son instinct, les émotions qui guident ses réactions.

- **Rassurer pour créer un climat de confiance.** Pour cela, il faut être sensible aux inquiétudes du client ou du non-client. Offrir, par exemple, une garantie sur la longévité du produit, et donc sécuriser la qualité. C'est ce qu'a fait Toyota, et c'est le capital sur lequel s'appuie Volkswagen depuis des années. Tous les services et produits qui permettent des utilisations limitantes, c'est-à-dire qui donnent la possibilité d'autocontrôler les coûts ou les consommations, sont les bienvenus, notamment pour tous ceux qui veulent être vigilants. Ainsi, les outils de limitation comme les forfaits bloqués, les crédits revolving de Cetelem (labélisé crédit responsable), les questionnaires mis en place par la Française des Jeux pour autoévaluer l'addiction au jeu : ce sont tous des éléments qui créent des garde-fous dans la consommation et qui témoignent de la sincérité de la marque auprès du client. En clair : « Nous ne sommes pas là pour vous pousser à consommer. »

Le cas de l'économie sociale et solidaire avec GRDF, la Macif et le Crédit coopératif : accompagner les mutations sociétales

Comme dans d'autres grandes villes de France, Toulouse a vu la naissance d'une monnaie alternative, le Sol-violette. D'une valeur de 1 €, le Sol-violette est accepté dans 40 commerces de la ville, et permet de financer des projets de création d'entreprises sociales. L'objectif associé est de démontrer que « l'échange n'est pas que financier, il s'inscrit dans la promotion d'échanges moins capitalistiques », *dixit* Pierre Cohen, député maire de Toulouse. À Toulouse, GRDF, la Macif et le Crédit coopératif accompagnent et soutiennent ces projets d'économie locale et solidaire. De cette façon, ces entreprises témoignent de leur engagement en faveur d'une nouvelle façon d'envisager l'économie et le service local auprès des habitants. C'est également un moyen de prendre le pouls des initiatives innovantes, et de rester branché avec les mouvements alternatifs. Le tout dans un climat d'échanges et de confiance.

CROISER LES SOURCES

Croiser les sources est habituellement un impératif du métier de journaliste. C'est également un réflexe nécessaire pour aborder de nouveaux marchés avec le plus d'atouts. Ne pas se fier à un son de cloche, ne pas se fier à plusieurs à un instant *t*. Cela signifie multiplier les sources, mais également multiplie les « prises de pouls » à plusieurs instants et dans différents contextes.

- **Créer des groupes transversaux multiculturels.** Le marketing n'a pas le monopole de la créativité ! Les regards de ceux qui ont une autre expérience de la chaîne de valeur sont importants : logistique, juridique, achats, R & D, et en particulier ceux qui sont au contact (commerciaux, service consommateurs). Mais aussi écouter les idées de la société civile, des associations, des blogs (s'il y en a sur vos sujets). Faites-y appel, les personnes ont envie de contribuer, ne vous en privez pas ! Il suffit de trouver le moyen de mobiliser ce savoir et de libérer les énergies. Mais attention, cela suppose de « délivrer » ou d'expliquer si l'on ne donne pas suite.

Le cas IDEO : croiser les cultures et les référentiels

IDEO est une entreprise d'innovation qui se définit elle-même comme spécialiste des « facteurs humains, de la psychologie, du business, du design et de la production ». Elle propose d'accompagner les entreprises sur le chemin de l'innovation par le *design thinking*. IDEO ne demande pas à ses clients de briefings techniques. Au cours d'une mission, elle réunit une équipe culturellement mixte (sociologues, ethnologues, architectes, designers, etc.) qui est placée en situation au sein de l'entreprise pour observer son fonctionnement, ou l'usage qui est fait des produits par les clients. Le regard neuf et décalé que produit IDEO permet de renouveler les usages, et surtout de les adapter aux besoins des clients par des innovations simples et créatives.

- **Faire appel aux sciences du comportement.** L'objectif est de comprendre les obstacles qui existent entre comportement déclaré et comportement réel, de détecter les freins au changement pour trouver les bons leviers, de travailler sur les représentations mentales du produit, de comprendre les systèmes de valeurs. Les ethnologues, les sociologues et les neurobiologistes ont un rôle clé à jouer à cette étape. Car leur objet d'étude est l'être humain, et c'est bien de lui dont il s'agit, celui qui se cache sous la catégorie trop restrictive de « consommateur » ! Ce travail peut aboutir à la création de plates-formes d'information, de troc... bref à la création de nouvelles façons d'envisager le produit et son usage qui correspondent à une évolution naturelle/étudiée/révélée des comportements humains dans les actes quotidiens.

Le cas Zilok : échanger, un nouveau mode de vie à accompagner

Zilok est une entreprise qui prend la forme d'une plate-forme de mise en relation entre particuliers désireux de louer des objets. La valeur ajoutée de Zilok est d'offrir une géolocalisation de ces objets. Le service est simple, répond à un impératif de proximité, et permet de faire des économies. Il permet une évaluation de la fiabilité du loueur et du destinataire. Le service de Zilok répond à une évolution des modes de vie urbains : les appartements sont de plus en plus petits, l'espace de stockage se réduit et bien souvent, de nombreux appareils n'y sont que peu utilisés : une perceuse ne sert que sept minutes par an en moyenne ! Le modèle financier repose sur une prise de commission à chaque transaction.

BACK TO BASICS

Faire appel aux sciences du comportement, à son sixième sens de marketeur, planer dans les sphères de l'intuition et du participatif présente un danger : celui de perdre de vue l'essentiel. L'essentiel, ce sont les bases de toute stratégie marketing « revues et corrigées » par les principes du développement durable : faire que le produit plaise, soit désirable et surtout, rende un vrai service, possède une vraie valeur ajoutée et enfin (peut-être le plus important) soit accessible au plus grand nombre. Pour que le développement durable ne soit pas juste un écran de fumée, il ne faut pas hésiter à certains moments (régulièrement au cours de la démarche) à faire un *back to basics* humble et salutaire.

- **Supprimer plutôt qu'ajouter.** On pourrait dire aussi « oser être radical », car il est fréquent de se laisser aller à rajouter des options dans un produit. On se laisse rarement aller au contraire, à retirer des éléments ! Pourtant, avec la remise en cause de la culture « toujours plus », sans nécessairement retirer des fonctionnalités même un peu « cosmétiques », il convient de ne jamais s'écarter du fonctionnel, de miser sur le durable, ce qui suppose de réinterroger le modèle de rentabilité fondé sur la rotation rapide et l'obsolescence programmée. Épurer donc, revenir aux fonctions de base qui forment l'ADN du produit ou du service : quelle est la fonction dont on ne peut se passer et que j'apporte ? Qu'est-ce qui est partie intégrante de ma marque et que je n'ai pas utilisé ?

- **Rendre son produit désirable.** Rien ne vaut les vieux ressorts : le jeu est un levier fort pour impliquer un consommateur dans une démarche et le mobiliser autour d'un produit ou d'un service, voire d'un comportement prôné par une collectivité. En Angleterre par exemple, des quartiers entiers se lancent des défis entre eux : à celui qui réduira le plus sa démarche énergétique. La maîtrise de sa consommation énergétique devient alors un plaisir : on cherche à l'optimiser, mieux devient plus gratifiant que plus. C'est un levier particulièrement important pour ceux dont le budget est limité (c'est-à-dire presque la totalité !), qui permet de créer un sentiment de fierté par l'appartenance. Pour les collectivités, c'est un moyen de donner envie de changer de comportement (vers un service ou un produit) car ce changement apporte de vrais bénéfices, ludiques d'abord, mais aussi économiques, écologiques, etc.

Le cas des déchets de la ville de Niort : rendre désirable du non désirable *a priori*

Le tri est l'acte jugé le plus citoyen par les Français. Sur 353 kg/habitant de déchets ménagers (dont 86 kg d'emballages), seulement 62 % sont triés, alors que la loi Grenelle impose un taux de tri de 75 % d'ici 2012 ! Les collectivités se mobilisent donc pour faire changer les comportements. Ainsi, en 2006 et 2007, avec l'aide d'Ethicity et sous l'égide du programme européen IDEAL79, la ville de Niort a conduit pendant deux ans une démarche novatrice impliquant largement les habitants. Des familles « poubelles zen » et « poubelles pleines » concourent, créant ainsi une émulation entre quartiers et immeubles. Les gagnants du concours sont parvenus à réduire à 50 kg leur charge de déchets annuels. Ces derniers n'étaient pas des écologistes avertis, mais un groupe de familles aux revenus modestes à qui le concours a permis également de faire des économies et de s'alimenter de produits plus sains, moins transformés (et moins emballés)... Bref, un cercle vertueux engagé par le jeu !

- **Informer et accompagner.** Vouloir mobiliser en sous-estimant l'importance de certains aspects (comme une information claire et transparente, la qualité du service ou du produit, sa disponibilité), c'est se garantir à moyen terme un retour négatif en termes d'image de marque, parce que tout nouveau comportement implique des arbitrages au quotidien, et qu'il faut que les bénéfices du changement soient expliqués au consommateur pour lui faciliter la démarche, mais également qu'ils soient directement liés à la marque qui prône ce changement. Il convient donc d'informer le plus simplement possible le consommateur en lui permettant de créer une association réflexe entre le produit et le nouveau comportement. Internet est un très bon moyen d'informer, car c'est le territoire de la comparaison entre les prix. L'information délivrée devra donc être parfaitement complète pour être lisible et démarquante.

Le cas La Parisienne Assurances : accompagner ses clients dans le changement

Avec l'offre « Je m'assure à Paris ! », La Parisienne Assurances invite ses clients à réduire leurs déplacements en voiture et à préférer les moyens de transport doux. Pour les y encourager et les accompagner, le contrat couvre un abonnement Vélib' (avec une assurance spéciale), prévoit de participer aux frais de transport en commun et met à disposition un éco-baromètre permettant également de mesurer les économies financières réalisées (10 à 25 % de la prime d'assurance).

- **Assurer une accessibilité maximum.** C'est une des bases fondamentales. Si le produit est parfait, attirant mais difficile d'accès, cela n'a aucun intérêt ! Il s'agit ici, bien entendu, aussi bien d'accessibilité par le prix (première raison d'un arbitrage d'achat), que d'accessibilité physique, géographique et de compréhension du bénéfice (surtout s'il n'est pas immédiat). Il faudra prendre en compte l'amortissement des produits, qui peut être plus rapide pour certains que pour d'autres. Par exemple, un appareil électroménager A+ sera peut-être plus cher à l'achat, mais permettra des économies d'énergie substantielles sur le long terme, et donc *in fine* sera moins coûteux si l'on y inclut le coût de l'énergie sur la durée de fonctionnement. Dans le deuxième cas, il s'agit de toucher le client là où il a l'habitude de se rendre. Pour les produits bio, par exemple, ce sera la double implantation dans la grande distribution, car le non-acheteur ne fera pas le détour par le rayon bio : être là au bon moment au bon endroit, là où il passe ! Enfin, il s'agit également d'identifier et de lever les freins éventuels à l'accessibilité : aide dans les transports pour accéder au produit, distribution élargie, etc.

Le cas IKEA : lever les freins à l'accessibilité

Depuis son origine, la marque IKEA revendique son accessibilité au plus grand nombre, à la fois en termes de prix et de géographie. Néanmoins, alors que la population des villes augmente et qu'on estime aujourd'hui qu'un habitant sur deux à Paris ne possède pas de voiture, l'entreprise a dû faire face à un vrai dilemme : ces grandes surfaces étant installées en banlieue, comment rendre les produits accessibles au plus grand nombre ? Réponse : mettre en place un service de location de camionnette et faire la promotion du covoiturage. À l'occasion de l'inauguration de son site de covoiturage, IKEA a organisé un grand jeu concours avec pour slogan « Plus on est, moins on émet ». En lançant le défi de battre le record du monde de covoiturage dans une Fiat 500, l'objectif était de présenter cette nouvelle pratique sous un jour plus attrayant et amusant.

LES PIÈGES À ÉVITER

1. **Vouloir faire moins cher** ce que l'on fait déjà, à l'identique sans s'interroger sur le produit lui-même.
2. **Trop s'éloigner de son territoire de légitimité**. Même pour un non-client, la marque est associée à un savoir-faire. La confiance est clé pour passer à l'acte d'achat.
3. **Baisser la qualité** en baissant le prix n'est pas une démarche durable pour l'ensemble de la chaîne de valeur, surtout si cela pousse à un renouvellement plus rapide ou a une moins value sociale.

Un cas de A à Z : FRALDA MÁGICA

En deux mots

FRALDA MÁGICA est une marque brésilienne de couches pour bébé. Elle s'est concentrée sur le marché de toutes les familles qui n'ont pas les moyens d'en acheter. Après un travail d'approche du besoin et de brainstorming, l'entreprise produit aujourd'hui des couches spécialement adaptées à une population modeste, et dont la conception écologique renforce le pouvoir d'attraction.

Les clés du succès

- Une politique de prix agressive permise par une baisse des coûts.
- Une réduction du volume global du produit : moins encombrant, le produit se livre plus facilement dans les zones difficiles d'accès et séduit les magasins dont l'entrepôt est petit.
- Un usage systématique de matériaux écologiques (bambou).
- Une démarche tournée vers un marché ignoré à ce jour, qui ne remet pas en cause le modèle général d'approche du marché classique.

Comment faire

- **Comprendre avant d'innover.** Une étude d'usages a été conduite auprès des non-clients, étude qui a révélé que les bandes adhésives des couches se détachaient souvent.
- **Brainstormer en amont selon la méthode Blue Ocean Strategy.** En 2009, un brainstorming géant est organisé chez Kimberly Clark (à laquelle appartient FRALDA MÁGICA) au Brésil : 130 idées sont proposées et 6 retenues comme finalistes.
- **Simplifier.** Pour répondre au besoin identifié : de simples bandes avec un système d'accrochage performant ont été installées sur une bande ceinture réutilisable et lavable, offrant ainsi une réponse au problème des bandes adhésives peu fiables.
- **Éco-concevoir pour réduire les coûts.** En utilisant moins de matière première, les couches sont moins chères et plus compactes. De ce fait, elles sont rendues accessibles à une plus grande part de la population (74 % des enfants au Brésil appartiennent aux classes pauvres). Objectif : fabriquer moins cher avec une approche écoconception pour réduire les coûts.

Chapitre 7

Adopter la juste posture

« La chose la plus importante en communication, c'est d'entendre ce qui n'est pas dit. »

Peter Drucker, théoricien du management.

Se remettre en question, consentir des changements, investir pour parvenir à innover, créer, sortir des niches habituelles... : tout cela n'a de sens *in fine* que si la démarche est payante pour l'entreprise, quel que soit le degré de spontanéité de son implication (qu'il s'agisse d'une obligation légale ou d'une volonté d'élargir sa responsabilité). Payante en termes d'image, en termes de vente, en termes d'adhésion, de fidélité, ou tout simplement de fierté pour les collaborateurs d'y participer. Certaines pourront décider de garder leur démarche pour elles, en pensant qu'il est peut-être trop tôt pour en parler, ou plus simplement qu'elles n'ont pas à communiquer sur quelque chose jugé aujourd'hui comme un dû par le consommateur. D'autres, au contraire, choisiront d'associer à leur démarche une communication destinée à ses différents publics. C'est une façon de trouver à moyen terme un retour sur investissement. Mais dans la communication aussi, il y a des pratiques de responsabilité. Certaines sont incarnées par des organisations interprofessionnelles, d'autres trouvent leur expression à travers le charisme et l'implication d'un dirigeant. La communication responsable, c'est transmettre une information claire et utile au consommateur. Enfin, toute politique de communication responsable aura à cœur de dépasser la logique produit/vente afin d'élargir son impact dans une perspective de contribution sociétale.

Obstacles

- Le scepticisme ambiant vis-à-vis des actions « responsables » conduites par les entreprises ne favorise pas l'instauration d'un climat de confiance chez les consommateurs et les clients. La méfiance tend à masquer les bénéfices réels ou présumés sous prétexte qu'une entreprise ne peut pas avoir un but généreux aux yeux du grand public...
- S'exposer, c'est risquer de perdre la partie. Car plus on se dit vertueux, plus on est visible, et plus on est vulnérable. C'est une des raisons majeures pour lesquelles, conscientes – à tort ou à raison – de leurs lacunes, beaucoup d'entreprises ne veulent pas mettre en avant leurs avancées. Ce serait prendre le risque de voir leur démarche jugée insuffisante !

Opportunités

- Créer de la préférence à long terme sur des valeurs partagées et nourrir la relation client en l'impliquant et en renforçant la proximité donc la fidélité. En bref, créer de la valeur immatérielle pour l'entreprise.
- Faire parler de vous comme d'une référence.

Conditions du succès

- Délivrer aux clients des informations concrètes en s'inscrivant dans la durée. Il s'agit de les associer aux progrès pour nourrir la relation client entreprise.
- Incarner la démarche et trouver la juste posture : proclamer suscite la méfiance, mais celle-ci peut être levée par un message modeste, prudent et ouvert, qui laisse la place aux remises en cause, mais surtout à la preuve par l'action.

INCARNER LA DÉMARCHE

La communication sera creuse s'il n'y a pas des symboles capables de l'incarner. Cela peut être une personnalité forte, mais également un vocable précis ou des actes fondateurs puissants. Ces points de repère sont nécessaires à toute politique de communication, sous peine de ne ressentir ses bénéfices que sur le très court terme. Ils permettent de l'inscrire dans la durée.

Il existe trois éléments clés d'une communication responsable réussie.

- **Le dirigeant ambassadeur.** La communication est avant tout une affaire de conviction. Certains n'hésitent pas à le dire ainsi : « Peu importe le message tant qu'il est bien porté. » La communication responsable n'échappe pas à la règle : pour porter un message, il faut un messager. Bien souvent, le mieux disposé à devenir l'ambassadeur de la marque et de sa démarche n'est autre que le dirigeant de l'entreprise, même si les directeurs communication, marketing et développement durable pourront relayer le message. Il engagera son éthique, sa réputation, son charisme, et c'est d'ailleurs pour cette raison précise que la marque pourra créer de la confiance : il y a un/une (des) homme(s)/femme(s) derrière un logo. Il faut une figure emblématique pour porter la dynamique de changement et assurer la transmission de l'engagement. Les convictions sont choses humaines, pas une affaire de production ou de vente. Concrètement, cela implique pour le dirigeant d'intervenir dans des lieux de débat, de dialogue, de ne pas reculer devant les remises en question, les challenges, d'exprimer ses doutes en public tout en restant convaincu et humble. Cela implique d'évoluer aussi, d'avoir des contradicteurs, d'être à l'écoute, d'expliquer les démarches et de les justifier. Il faudra également que le dirigeant accepte – chose essentielle – de montrer l'exemple dans son propre comportement et mode de vie (au moins pour ses salariés) : changer de mode de transport ou de destination de vacances peuvent être des changements à envisager !

Le cas Yves Rocher : entreprise patrimoniale et incarnation du changement

Les entreprises patrimoniales, qui portent le nom et les valeurs d'une famille (par le mode de transmission de la direction), s'inscrivent naturellement dans le long terme et créent très facilement une relation de confiance avec le consommateur : c'est l'effet « entreprise historique ».

Leur dirigeant est donc dans une disposition parfaite pour incarner des valeurs de changement, d'évolution et d'adaptation à un monde qui change. Quand Jacques Rocher, à la fois actionnaire, directeur du développement durable de l'entreprise et président de la fondation éponyme dit : « je suis un planteur d'arbres » (en appuyant bien sur cette assertion par le développement de projets de protection de la biodiversité à travers le monde et la plantation de 50 millions d'arbres d'ici 2015 dans le cadre du programme du PNUE), il engage son image personnelle et inscrit son entreprise dans une perspective de long terme.

- **Un vocabulaire précis et stable, reflet d'un système de valeurs reconnaissable.** L'entreprise est une personne morale. Elle a donc son système de valeurs propre et ce dernier s'exprime à travers le langage de la communication et de la publicité. Tous les aspects sémantiques (les mots choisis, leur poids relatif, la façon de les utiliser, etc.) seront déterminants dans la création d'une « reconnaissance immédiate » par le consommateur, quel que soit le système de communication[1]. À chaque entreprise ses valeurs, à chacune sa langue. Il s'agira donc de nourrir au mieux la valeur immatérielle de l'entreprise en redonnant sa valeur au pratique et à l'utile : information sur l'emballage, sur le lieu de vente, etc. Dans le domaine du développement durable, il faudra être vigilant au fait que les mots employés ne font pas toujours

1. Jeanne Bordeau, *Entreprises et marques. Les nouveaux codes de langage*, Eyrolles, 2010.

référence aux mêmes concepts chez les uns et les autres. Certains privilégient dans le mot « développement durable » sa connotation environnementale, d'autres la santé, la lutte contre la précarité ou l'aspect économique dans un système mondialisé. Plus que dans d'autres domaines, anticiper la compréhension de sens du vocabulaire en fonction des publics est nécessaire.

> **Le cas GENERAL ELECTRICS : un vocabulaire fixe pour une stratégie 360°**
>
> Ecoimagination est la concrétisation sémantique et éditoriale de l'engagement de GENERAL ELECTRICS en faveur de l'innovation et du monde de demain. C'est aussi bien une stratégie qu'un *hub* créatif avec une extension virtuelle sur le Web, qui permet de faire émerger des solutions pour répondre aux enjeux environnementaux. Lancée en 2005, la démarche a permis à GENERAL ELECTRICS de développer des innovations en matière de réduction des consommations de ressources naturelles. L'ensemble de la communication autour de cette stratégie devenue emblématique de GENERAL ELECTRICS est synthétisé sur le site Internet ecoimagination.com qui a valeur de forum créatif.

- **L'esprit de cohérence**. Cela signifie que chacun des actes de l'entreprise sera potentiellement porteur de ses valeurs de changement et de responsabilité, que chaque pas qu'elle fera – que cela concerne ses ventes, ses interventions publiques ou sa gestion interne – devra être en cohérence avec les valeurs qu'elle défend en public et dans sa communication. Cela passe par des actions simples, comme une réflexion sur la réduction de l'impact environnemental de ses campagnes de communication. Il existe des outils précis pour cela, développés par les professionnels, quels que soient les domaines : écrit, événementiel, image, etc. L'environnement est un aspect emblématique et il devra être pris en considération dans l'ensemble des actions de communication entreprises, de A à Z...

Le cas de la Transat Jacques Vabre : organiser un événement de façon responsable

Dès 2007, la fameuse transat rassemble plus de 270 000 personnes. Pour affirmer son engagement en faveur de l'environnement – déjà concrétisé par la certification Rainforest Alliance de son café, Jacques Vabre a mis au point pendant l'événement (de concert avec la municipalité du Havre qui l'accueille) un vaste programme de limitation de l'impact environnemental de l'événement. Il répertorie des actions allant de la réduction des consommations électriques des halls d'exposition, à la récupération des marcs de café servis pour fertiliser les jardins publics, en passant par l'intensification du trafic des transports en commun pour l'occasion, et la mobilisation d'ambassadeurs du tri et la sensibilisation dans les écoles. L'ensemble de l'événement a fait l'objet d'un projet de compensation carbone au Brésil, pays d'arrivée de la transat. Important : les navigateurs alimentent un blog pendant la course pour rendre compte de l'état de l'océan. Un bel exemple de cohérence de la démarche…

DIFFÉRENCIER INFORMATION ET COMMUNICATION

Communiquer sans informer, c'est un peu comme tenter de traverser l'Atlantique avec un bateau sans voile ni moteur : l'information est nécessaire – même en faible quantité, sous peine de naviguer sans direction, sans dynamique, assis sur une coquille vide. Pour échapper à cet écueil, plus fréquent qu'on ne l'imagine (il est bien humain de vouloir vanter les mérites de son produit en vocable élogieux, sans penser à y adjoindre quelques éléments concrets), il y a plusieurs solutions, cumulatives et complémentaires.

- **Appuyer sa communication sur des informations concrètes.** La communication en lien avec un produit doit donner accès à une information objective et concrète. Une des façons les plus efficaces est de l'appuyer sur des labels, des normes, et plus largement sur toute démarche externe et indépendante qui possède un fort capital de crédibilité. Une certification par une tierce partie (écocertifications, etc.) permet de réaliser un transfert de responsabilité qui rend le discours concret et rassurant à la fois. Le message prend alors une connotation de sérieux et d'objectivité, mais également d'ouverture et d'humilité.

Le cas VOYAGEURS DU MONDE : affronter ses impacts, en parler ouvertement et agir

Membre de l'association ATR (Association tourisme responsable), VOYAGEURS DU MONDE s'est fixé comme objectif de fournir à ses clients une information claire et transparente, et de sensibiliser au tourisme responsable. Pour mener à bien cette politique, l'entreprise (en plus d'une stratégie environnementale et sociale rigoureuse en interne) sélectionne ses prestataires en fonction de critères sociaux très stricts, et compense une partie de ses émissions carbone dues aux voyages effectués. Toutes ces actions font bien évidemment l'objet d'une communication qui a pour valeur d'expliquer pédagogiquement les raisons de cette politique, et ses effets. La communication sert alors à sensibiliser, s'appuie sur des informations concrètes et nourrit la curiosité des voyageurs en même temps que le positionnement de l'entreprise.

- **Impliquer ses collaborateurs et ses publics**. C'est un moyen de sortir des sphères nébuleuses de la communication pour revenir à la transmission d'une information utile. Dans cette perspective, impliquer ses collaborateurs permet de s'assurer de la qualité de la communication. Cela peut être fait à travers la mise en place d'un process de validation interne par exemple, qui permettra de recueillir en interne des avis divers, ce qui est toujours intéressant pour limiter les risques de dérapage ! C'est également une façon de rendre ses collaborateurs contributeurs de la communication :

c'est après tout la vitrine de l'entreprise sur le monde extérieur ! Il est également possible de créer un comité d'éthique ouvert à diverses parties prenantes qui pourra agir comme un panel de prévalidation d'une campagne. Ce procédé permet également de briefer plus clairement les agences et les studios de création avec au bout du compte un gain de temps, d'énergie et donc des économies.

Le cas des recommandations de l'UDA : une communication responsable par les collaborateurs

Toutes les grandes entreprises communicantes connaissent l'UDA (Union des annonceurs), organisme d'autorégulation de la publicité. En 2011, plus de 40 grandes entreprises françaises ou filiales de grands groupes étrangers établies en France (soit plus de la moitié des budgets de communication nationaux) signaient la charte de la communication responsable établie par l'UDA[1], en partenariat avec Ethicity. Cette charte comprend cinq points clés. Parmi ceux-ci figure celui « d'engager un process interne permettant de valider les communications avant leur diffusion externe ». Le guide *Les Clés pour une communication responsable*, qui accompagne la charte, répertorie également des outils permettant de former les équipes marketing/communication/réseau à la démarche, de valider en interne les messages de communication, les allégations produits, etc.

- **Favoriser les interactions.** Chacun s'accorde à reconnaître que le modèle de communication descendante (émetteur vers cible) est dépassé. La refondation de la communication et l'élaboration de ses messages doivent donc se faire désormais sur la base de l'interaction entre tous les acteurs de la chaîne. Cela présuppose de bien identifier les différents publics auxquels la marque

1. Uda.fr

adresse de l'information : les experts (leur faire connaître sa démarche, voire leur proposer d'y contribuer), les influenceurs et les leaders d'opinion (médias, bloggers), les ONG, les réseaux professionnels, les acteurs de l'économie locale, etc. Cette cartographie[1] est préalable à l'élaboration d'un plan d'engagement.

La phase d'exécution, de dialogue et d'information avec les porte-parole interviendra ensuite. Elle permettra de réfléchir à la stratégie de contact : fréquence, types de support et de relation, messages différents en fonction des publics, co-constructions envisageables. Cela implique un vrai changement pour les agences qui sont souvent évaluées sur le court terme. Car il s'agit ici d'un travail au temps long… Cette ouverture à la société civile sera très productive si elle est faite avant le lancement des produits. De plus, elle nécessitera de préserver une cohérence de message entre tous les types de communicants de l'entreprise afin d'assurer des prises de parole coordonnées.

Le cas Saint-Gobain : communiquer utile sur le produit pour le client

Dans une perspective de communication avec ses clients, Saint-Gobain Isover a créé le site toutsurlisolation.fr qui permet à l'entreprise de prodiguer des conseils de pose (pour optimiser l'impact environnemental chez le client), et a créé un forum en ligne lui permettant de dialoguer avec ses acheteurs. À travers ce dernier, elle récupère les bonnes idées afin d'améliorer en continu son produit. De plus, l'entreprise a noué un partenariat avec le média scientifique en ligne *Futura-Sciences* qui permet à des experts de Saint-Gobain de prendre la parole et de répondre aux lecteurs en tant que spécialistes. La communication est donc à double effet : d'une part l'entreprise parle de ses

1. Ethicity a développé un outil d'identification des publics incontournables en fonction de critères précis : légitimité, influence, capacité à construire dans la durée et de façon constructive… selon les sujets.

> produits à des clients, et d'autre part elle interagit avec eux pour améliorer ses produits avec leur complicité. Ainsi elle crée une communauté de « fidèles » avec qui elle dialogue, et qui est à même de relayer ses messages clés.

- **Valoriser les actions collectives.** Le paradigme « individuel *vs* collectif » est l'un des enjeux majeurs du développement durable, et *a fortiori* du marketing durable. Le succès des sites Internet d'achats groupés, aussi bien que la montée en puissance des *class actions* le prouvent : le retour du groupe sert désormais à la mutualisation des bénéfices, que ce soit pour le consommateur, le citoyen, et plus largement toute personne morale. Pour les entreprises, cela signifie qu'elles doivent s'impliquer collectivement dans des démarches d'amélioration de leur secteur. Les PME régionales sont déjà largement engagées sur cette voie : les produits labellisés « produits de Bretagne » permettent une valorisation commune autour d'une appellation autocontrôlée. Mais cela signifie surtout qu'elles doivent s'insérer dans le jeu du collectif en donnant au consommateur les clés qui lui permettront de s'inscrire dans la logique d'une action globale. Les producteurs de lessive l'ont bien compris : à travers le programme Clean Campaign, ils sensibilisent leurs clients à la problématique du dosage des produits, en faveur des « petits gestes pour la planète ». Communiquer en faveur d'actions collectives est un moyen puissant pour les entreprises, qui leur permettra de faire changer quasi naturellement leur communication d'échelle.

> **Le cas ILEC : se regrouper pour mieux informer sur un enjeu global**
>
> Dans un cadre expérimental, l'ILEC (Institut de liaisons et d'études des industries de consommation), qui regroupe les syndicats professionnels de l'agroalimentaire, du secteur des lessives et de la parfumerie, a élaboré en juillet 2011 un plan collectif d'information environnementale à l'intention

des clients des marques adhérentes. La démarche a consisté en la création d'un vocabulaire et de visuels uniques pour sensibiliser les clients aux impacts des produits tels l'eutrophisation, la biodiversité, etc. L'objectif est évidemment de simplifier la perception de cette information chez le consommateur, mais également, à travers l'uniformisation du message, de créer un effet collectif de groupe qui permette à certaines marques de bénéficier des effets positifs de l'affichage perçu chez d'autres. « Un pour tous », tout en gardant bien sûr la capacité d'expression de chaque marque.

SORTIR DE LA LOGIQUE PRODUIT/VENTE

La communication ne doit pas être perçue comme un simple *push* à la consommation. Paradoxalement, pour être efficace, elle doit s'affranchir de la logique produit/vente, qui est au fond son but primordial. Question de perception : plus le consommateur aura le sentiment qu'on cherche à le pousser à acheter, moins les arguments de la marque seront perçus comme sincères, authentiques et propres à inspirer la confiance. Or cette confiance est absolument nécessaire dans le cas d'une démarche de responsabilité d'entreprise. Ne plus penser « vente » lors de l'élaboration de sa politique de communication est un point clé de toute bonne campagne responsable. Cela ouvre des portes sur des actions plus larges, qui permettront à la marque de sortir du *pool* de ses consommateurs cibles.

- **Conjuguer temps court et temps long**. C'est l'une des difficultés majeures de la communication : d'un côté les résultats financiers et leurs impératifs, de l'autre les lents changements de comportement du consommateur. C'est une problématique d'autant plus complexe que l'époque privilégie l'immédiateté, l'actualité brûlante, l'émotionnel sans aucune hiérarchisation de l'information. Il faut donc savamment articuler les plans de communication en fonction de temps forts, ce que le monde de la presse appelle les marronniers : des sujets liés à des événements réguliers, attendus, habituels, plus ou moins longs et qui peuvent ne pas être clairement circonscrits à une date précise (rentrée des classes, palmarès en tout genre, arrivée de l'été, etc.). C'est aussi profiter des opportunités telles que des événements internationaux, des salons, la semaine du développement durable (pendant laquelle les médias sont particulièrement sensibles au sujet), etc.

- **Adhérer par l'expérience au-delà de l'achat.** Faire ressentir et vivre une expérience, expliquer avec pédagogie, démontrer afin de rendre attractif et accessible, c'est se garantir de marquer durablement les esprits. Ce genre de démarche peut être conduit hors des lieux d'achat *stricto sensu*, dans des lieux où le besoin lié à un produit est direct : stades et événements festifs pour les boissons rafraîchissantes (VITTEL, COCA-COLA), compétitions sportives pour l'alimentation spécialisée et la grande distribution (MONOPRIX), plages et lieux de vacances pour les solutions de tri des déchets (Éco-Emballages), écoles pour toucher les enfants qui sont des prescripteurs forts vis-à-vis des parents (LYONNAISE DES EAUX). Il s'agit ici d'associer la marque à une expérience de vie et à un comportement responsable, de dépasser le produit grâce à une démarche pédagogique autour de l'usage pour encourager les modes de vie durables, pour être la marque qui crée de nouveaux repères, celle qui simplifie la vie ou permet de réaliser des économies tout en préservant la planète.

Le cas VITTEL Éco-Emballages : sensibiliser au tri par l'expérience

Pour marquer son engagement en faveur du tri, la marque d'eau minérale embouteillée VITTEL a mis en place un partenariat avec Éco-Emballages afin de lancer une grande campagne de sensibilisation au tri. Outre des bouteilles 100 % recyclables et des outils de communication et de sensibilisation, ils se sont associés à des événements sportifs comme le Marathon de Paris. Au cours de la course, les 450 000 bouteilles d'eau distribuées ont été collectées puis recyclées grâce à 200 bacs jaunes munis de cibles disposés après chaque point de ravitaillement. Cet événement fut l'occasion de sensibiliser par l'expérience les 40 000 participants et le public avec un message simple : « Je cours, je bois, je trie ! » Plus de 9 tonnes d'emballages ont été récupérées en 2010.

LES PIÈGES À ÉVITER

1. **Tomber dans un extrême.** Ce serait, par exemple, communiquer *a minima* sur la démarche engagée, faire preuve de trop de modestie dans le langage choisi (cas de beaucoup de PME pour lesquelles communiquer ne fait pas partie de leurs priorités). À l'inverse, trop communiquer, aller trop loin dans les arguments avancés, notamment dans les secteurs sensibles (énergie, alimentaire, transport, etc.), c'est faire le lit du *greenwashing* ou du *socialwashing*.
2. **Utiliser un vocabulaire trop abscons.** Sous prétexte qu'il est inspirationnel et séduisant, une marque peut être tentée d'utiliser un vocabulaire évasif et abstrait. Cependant, s'éloigner du concret, c'est éloigner le consommateur qui reçoit le message de l'action. L'expression du positionnement, les mots utilisés sont des éléments clés à travailler pour qu'ils soient reconnaissables. Tout en sachant que les perceptions évoluent[1].
3. **S'engager dans une démarche sans pouvoir en mesurer les effets.** C'est une des conditions *sine qua non* de la cohérence, afin d'ajuster en permanence au plus près de l'efficacité.
4. **Manquer de continuité.** Les hommes et les femmes changent rapidement dans l'entreprise (surtout les populations marketing et communication). Il faut donc veiller à assurer la continuité entre les équipes. Cela suppose des process et des engagements forts placés au cœur de la stratégie de l'entreprise.

1. Denis Muzet, *Les mots du développement durable*.

Un cas de A à Z : PATAGONIA

En deux mots

PATAGONIA est une entreprise de taille moyenne spécialisée dans les vêtements *outdoor*. Elle est considérée aujourd'hui comme une des pionnières en matière de développement durable et elle a démontré par sa stratégie originale qu'il était possible de concilier prise en compte des questions sociales, environnementales et de long terme, avec rentabilité économique. Paradoxalement, la bonne posture fut pour l'entreprise… de ne pas faire de publicité. Elle affiche une croissance et des profits réguliers.

Les clés du succès

- Un patron visionnaire et une cohérence dans les actions.
- Une communication vraie sur le produit en lien avec les valeurs des clients (plein air, nature, sport, etc.).
- Une relation avec ses clients inscrite dans la durée.
- Des partenariats qui nourrissent la communication.
- L'absence de pression des actionnaires sur la rentabilité.[1]

Comment faire

- **Un positionnement d'ovni dans le monde industriel.** « Avoir moins de vêtements mais d'une meilleure qualité », *dixit* Yvon Chouinard, fondateur et dirigeant de PATAGONIA. L'objet de PATAGONIA est clair : proposer des vêtements de sport performants et compatibles avec la protection de l'environnement. Cet objectif s'exprime depuis 1986, année de la commercialisation des premiers pulls en laine « polaire » conçue à partir de bouteilles recyclées.
- **Un engagement concret.** Il se traduit par la réduction de l'empreinte environnementale tout au long du cycle de vie du produit. L'entreprise applique pour cela la stratégie des 4R : Réduire, Réparer, Réutiliser, Recycler. Ainsi les emballages des sous-vêtements en polyéthylène ont-ils été remplacés par du papier recyclé avant d'être purement et simplement supprimés ! Les zips cassés des vestes sont réparés gratuitement. Et enfin, en 2005,

1. Hélène Teulon, « Patagonia, le succès avec ou malgré le développement durable ? », *Entreprises et histoire*, 2006/4 (n° 45).

l'entreprise lançait un programme de recyclage de ses produits (avec système de collecte). La preuve par l'action.

- **L'implication ludique du client.** Par le dialogue, il s'agit s'expliquer aux clients les techniques de réduction de leur impact environnemental : consignes d'entretien écologique des produits (en ligne), spots d'information dans les magasins, etc. Par ailleurs, avec l'aide de spots vidéo mettant en scène l'agent Timmy – qui tente de convaincre ses concitoyens des bienfaits du recyclage – la marque communique de façon humoristique et fait passer son message de façon légère, dans l'esprit d'une marque *outdoor* pour laquelle c'est avant tout le plaisir qui compte.
- **Des partenariats innovants.** Ceux-ci sont d'abord noués avec des personnalités ambassadrices, bien souvent des sportifs, qui témoignent de leur engagement pour la nature. L'entreprise s'est également rapprochée d'EBAY pour construire un programme de revente de produits PATAGONIA usagés. Engagement de long terme, qualité, et fidélisation du client assurée autour des valeurs de la marque.

Conclusion

« Agis de façon que les effets de ton action soient compatibles avec la permanence d'une vie authentiquement humaine sur terre. »
Le Principe responsabilité, Hans Jonas.

Comment donner une vision durable et crédible de l'entreprise dans un contexte de croissance qui a considérablement changé ? Quel rôle peut jouer le marketing dans cette mutation ?

Le mot croissance est dérivé du grec *kere*, qui signifie semence. Les graines de la croissance de demain pourraient être dans une combinaison du moins et du mieux : moins de ressources, moins d'espace, mais mieux gérés grâce à des valeurs de partage et à l'extension du rôle des entreprises au-delà de la stricte sphère financière.

« On n'est plus dans la simple consommation mais dans une ambiance de "consumation". C'est bien une esthétique de l'esthétique qui est en gestation. En son sens strict, un lien s'élaborant à partir du partage de la beauté et des émotions qu'elle ne manque pas de susciter », affirme Michel Maffesoli[1]. Or le marketing a pour vocation de rendre attractif... et donc peut contribuer à formuler des solutions ingénieuses pour restaurer de la valeur tout en réduisant les flux entrants de ressources et d'espace.

1. Professeur à Paris Descartes, *Iconologies, nos idolâtries postmodernes*, éditions Albin Michel, 2008.

L'entreprise est face à une nouvelle complexité qui nécessite de :

- **Ne plus opposer profit et bien-être**, enjeux économiques et socio-environnementaux, mais d'intégrer au cœur du modèle le meilleur des outils marketing. Concrètement, cela signifie avoir une stratégie de marque citoyenne (honnêteté, intégrité, responsabilité sociale) inscrite dans la durée et transversale sous peine de manquer de crédibilité. Le futur des marques est indissociable du marketing et du développement durable.
- **Partager et tenir compte des intérêts** de toutes les parties : consommateurs, territoire d'implantation, etc. Cela suppose de créer des synergies en interne et de mutualiser les pratiques. Les mentalités ne sont peut-être pas encore prêtes, pourtant nous n'aurons pas le choix. Dans cette perspective, il est nécessaire de penser gagnant-gagnant, valeur étendue, de penser service plutôt que produit, et enfin d'apporter des preuves de son engagement pour convaincre.
- **Susciter l'enthousiasme** et donner envie d'avancer dans un cadre bâti par d'autres valeurs. Dans le contexte actuel, difficile et incertain, émerge une nouvelle conscience de la place de l'individu, de son rapport au collectif, à la société civile, et donc de nouveaux moyens d'action. L'interdépendance entre le fait personnel et le fait professionnel est désormais chose établie. Si les talents sont alliés aux compétences et que l'entreprise favorise l'alignement entre la tête, le corps, les émotions et l'esprit de l'organisation, il y a là le potentiel pour révéler une nouvelle énergie. L'entreprise devra permettre à chacun de concilier son savoir-faire avec un supplément de savoir-être et de pouvoir-être en donnant la liberté d'agir à chacun.

L'ère des 5P traditionnels du marketing s'achève (Produit, Prix, *Place* (distribution), Promotion et Planète) pour laisser place à celle des **5E** :

- Le Produit est devenu une **Expérience**, une solution.

- Le Prix fait place à un raisonnement plus global sur l'ensemble du cycle de vie du produit. Il inclut désormais ses coûts non financiers et s'évalue en fonction de la valeur d'usage du produit, de sa valeur d'**Échange**.
- La distribution (*Place*) laisse la place, à l'heure où tout est devenu accessible 24 h/24 et où cette accessibilité est considérée comme un dû, au principe du ***Every place***.
- Quant à la Promotion, ses principes sont inversés : on cherche désormais plutôt à communiquer une fierté tout en redonnant le pouvoir au consommateur et à toutes les parties prenantes. C'est l'***Empowerment***.
- Enfin, tous ces principes s'appliquent désormais à tous (***Everybody***), car chacun espère désormais un accès facilité aux biens de consommation.

Ces 5E forment le E de *Earth* : la Terre.

Earth porte l'aspiration des individus à une vie meilleure. Et alors que la planète entière (ou quasiment) est irriguée de réseaux sociaux, parsemée de communautés d'intérêt, d'action, la connectivité moderne permet de créer des liens quasi infinis et ouvre un spectre d'actions immense pour les entreprises. À elles de faire des réseaux, le levier du meilleur.

« Le seul, l'unique voyage, c'est de changer de regard », écrivait Marcel Proust. Pour parvenir à changer, il faudra recycler nos façons de penser. Cela passe par l'innovation continue, par la mobilisation de toutes les forces vives et de l'incroyable réservoir de créativité qu'est le développement durable allié au marketing. C'est une vraie métamorphose qu'il faut accomplir[1].

Alors non, le marketing n'est pas mort. Ce n'est pas non plus un gros mot. Il convient simplement de retrouver le sens de l'action. Et les 7 principes énoncés dans ce livre y aideront peut-être.

1. Pour vous y aider, vous trouverez en annexe quelques exemples pratiques de questions à se poser.

Annexe

« Quoi que tu rêves d'entreprendre, commence-le.
L'audace a du génie, du pouvoir, de la magie. »
Johann Wolfgang von Goethe

L'ENJEU : MARKETING + DÉVELOPPEMENT DURABLE (DD)

DES COMPLÉMENTARITÉS FORTES À METTRE EN ŒUVRE, QUI SUPPOSENT...

- ... de trouver une culture commune et un langage commun ;
- ... de se fixer des objectifs communs (sortir du cadre) ;
- ... de se mettre en posture d'ouverture ;
- ... de co-construire ;
- ... de prouver.

EXEMPLES DE QUESTIONS À SE POSER

ENJEUX ET MESURE DU RISQUE

- Feuille de route d'intégration du DD dans l'offre (plan à 5 ans) :
  - sortie de substances ;
  - réduction du CO_2, de l'empreinte... ;
  - enjeux sociaux (sécurité, lieux de production...)
- Ressources naturelles : réduction du niveau de dépendance aux matières premières dont le stock s'épuise/implantation dans des

zones soumises au dérèglement climatique (sécheresse, stress hydrique...).

- Lien avec les communautés/clients/consommateurs ?
  - nombre de rencontres parties prenantes (par catégorie) ;
  - outil de gestion des signaux faibles.
- Risque fournisseurs :
  - cartographie fournisseurs ;
  - principes d'action environnementaux/sociaux ;
  - plan d'accompagnement.
- Risque réglementaire :
  - anticipation des réglementations.

MESURE DES ÉCONOMIES, DES GAINS RÉALISÉS À COURT TERME (P & L : PERFORMANCE ÉCONOMIQUE DIRECTE)

- Gains DD liés à la (re)conception de l'offre *vs* offre classique ?
  - En quoi l'intégration de critères DD a-t-il permis de réaliser des gains en matière d'achat (ex. : matière première moins onéreuse/masse moins importante, réduction des matériaux...) :
    - gains liés à la réduction des emballages ;
    - gains en matière d'eau/CO_2 économisés (gains aisément monétisables *via* l'équivalence CO_2 - €) ; dans la *supply chain*, à l'usage.
  - gains en matière d'empreinte biodiversité (indicateurs en cours de construction = → à moyen terme).
- Mesure du CA/rentabilité de la nouvelle offre *vs* offre classique :
  - la nouvelle offre a-t-elle permis de créer un nouveau marché ?
  - la nouvelle offre a-t-elle permis la fidélisation des clients :
    - matérielle : renforcement de la *life time value via*, par exemple, la création d'étapes clés génératrices de business additif (ex. : diagnostic énergétique avec offre d'amélioration continue) ?

- immatérielle : des items d'images positifs ont été associés à la nouvelle offre (ex. : études consommateurs) ?

MESURE DES GAINS IMMATÉRIELS À MOYEN TERME/LONG TERME

- Gains en termes de levier d'innovation :
  - l'approche DD a permis de mettre à jour un vivier d'innovations à potentiel, des marchés à potentiel (ex. : accessibilité, bas de la pyramide) ;
  - l'approche DD a permis de développer des réflexions synergiques fortes et de lever des freins organisationnels.
- Gains en termes de relation avec les fournisseurs :
  - fidélisation accrue, sécurisation du portefeuille de fournisseurs, niveau de préférence accru ;
  - développement d'une nouvelle façon de travailler.
- Part du DD dans la *brand value* ?
  - évolution de celle-ci avec nouvelles offres ;
  - part du DD dans l'acquisition des clients/rétention.
- Attractivité des talents (marketing) :
  - mesure de la part du DD dans le choix des candidats ;
  - questionnaire DD/satisfaction au travail.
- Implication dans la communauté :
  - projets soutenus ;
  - accessibilité de l'offre.

Glossaire

- **ACV (Analyse de cycle de vie)**

  L'ACV est un outil d'évaluation des impacts environnementaux : consommation de matières et d'énergies, émissions dans l'air et dans l'eau, déchets. Il prend en compte l'ensemble du cycle de vie des produits, de leur fabrication à leur élimination finale. Cette approche est dite « du berceau à la tombe ». L'ACV fournit des éléments d'aide à la décision aux politiques publiques (choix de filières de valorisation, critères d'écolabellisation des produits, etc.) ou industrielles (choix de conception et d'amélioration des produits). Cet outil a été qualifié d'expérimental, voire de partial, au début des années quatre-vingt-dix. Sa pratique, sa diffusion et, surtout, sa normalisation au niveau international (série des ISO 14040) en font aujourd'hui un outil performant.

  Source : ADEME

- **Communication responsable**

  Communiquer responsable, c'est :

  - communiquer de façon honnête et transparente sur son produit ou sur l'entreprise (ne pas mentir ou exagérer sur les propriétés d'un service ou d'un produit) ;
  - minimiser les impacts négatifs des messages et des supports (ne pas utiliser de mannequin anorexique dans une publicité par exemple, éco-concevoir les supports...) ;
  - maximiser les externalités positives : jouer sur le message pour diffuser des informations, des attitudes responsables (d'achat, d'usage, mais aussi au quotidien sur des sujets variés).

- **Dématérialisation**

La dématérialisation des données ou des services consiste à stocker et faire circuler des données, ou à promouvoir des usages.

Source : www.decision-achats.fr

- **Découplage**

Notion qui traduit les liens entre « ce qui est mauvais à titre environnemental » et « ce qui est bon au niveau économique ». Plus précisément, le découplage compare les pressions sur l'environnement aux évolutions des variables économiques qui génèrent ces pressions environnementales.

Source : OCDE

- **Développement durable**

Le concept de développement durable a été formalisé en 1987 à l'occasion des travaux de la Commission mondiale sur l'environnement et le développement réunie à Rio de Janeiro. Il se définit comme « un développement qui répond aux besoins du présent sans compromettre la capacité des générations futures à répondre aux leurs ».

Appliqué à l'économie, le développement durable intègre trois dimensions :

- l'économie (efficacité, rentabilité) ;
- les hommes (responsabilité sociale et sociétale) ;
- l'environnement (responsabilité environnementale).

Source : Novethic

- **Écoconception**

L'écoconception est l'axe du management environnemental qui complète les approches liées au site telles que la norme ISO 14001. Elle consiste à intégrer la dimension environnementale dans la conception des produits, afin de diminuer les impacts d'un produit ou d'un service, tout en conservant ses qualités et ses performances intrinsèques. Typiquement, les impacts du produit pourront être réduits en changeant les matériaux qui le composent, en améliorant son efficacité énergétique, en le recyclant en fin de vie...

Source : Novethic

- **Écosystème**

Un écosystème est un groupe de communautés biologiques qui se partagent un milieu physique. L'air, la terre, l'eau et les organismes vivants, y compris les êtres humains, interagissent pour former un écosystème.

Source : Novethic

- ***Greenwashing***

Le *greenwashing* (blanchiment écologique) est le mot utilisé communément lorsqu'un message de communication abuse ou utilise à mauvais escient l'argument écologique.

C'est le cas lorsqu'un produit ou service est vanté comme « écologique », « protégeant la nature ou l'environnement », alors que l'intérêt du produit ou du service pour l'environnement est minime, voire inexistant.

Il en va de même d'une entreprise, vantée comme engagée dans le développement durable, mais dont l'activité générale est reconnue comme problématique d'un point de vue environnemental.

Source : ADEME

- **Marketing durable**

C'est le marketing qui prend en compte l'ensemble des impacts liés à la mise sur le marché d'un produit ou service, et qui cherche à minimiser les impacts négatifs et à accroître les impacts positifs. Ce marketing a aussi pour fonction d'informer de façon claire et lisible l'ensemble des parties prenantes et en priorité les clients sur les enjeux directs ou indirects associés à l'utilisation ou la consommation du produit.

Source : Novethic

- **Offre responsable**

  Un produit/service qui limite fortement ses impacts environnementaux et sociaux sur les enjeux majeurs de sa catégorie, tout en apportant de la valeur (matérielle et/ou immatérielle) pour le client, le consommateur/usager, l'entreprise et son écosystème.

- **Parties prenantes**

  Connues en anglais sous le nom de *stakeholders*, les parties prenantes de l'entreprise regroupent l'ensemble de ceux qui participent à sa vie économique (salariés, clients, fournisseurs, actionnaires), de ceux qui observent l'entreprise (syndicats, ONG) et de ceux qu'elle influence plus ou moins directement (société civile, collectivités locales...). Les entreprises socialement responsables sont non seulement transparentes envers leurs parties prenantes mais elles veillent aussi à servir l'ensemble de leurs intérêts (ce que l'on appelle en anglais la *stakeholders value*). Elles s'opposent en cela aux entreprises pour qui le rendement à court terme est la seule et unique priorité (*shareholder value*).

  Source : Novethic

- **RSE (responsabilité sociale et environnementale)**

  La RSE est liée à l'application par les entreprises du développement durable. Les entreprises désirant être plus responsables doivent être attentives aux préoccupations de l'ensemble des parties prenantes : salariés, clients et fournisseurs, investisseurs et ONG, qui véhiculent les attentes de la société civile et de la communauté qui entoure l'entreprise. La mise en place d'une stratégie RSE consiste pour les entreprises à s'engager dans des démarches de responsabilité sociale et environnementale, ayant un impact sur les pratiques et les processus dans des domaines tels que les ressources humaines, les pratiques commerciales, l'impact local, etc.

  Source : Novethic

- **Réalliance**

C'est le regard plus profond de l'individu sur lui-même, mais aussi sur l'extérieur, « vers un collectif démultiplié » qui comprend non seulement les autres individus mais aussi les animaux, la nature, la planète, l'univers. Il y aurait ainsi un passage du « moi-je » au « nous » après la redécouverte de soi par introspection.

Source : Françoise Bonnal,
La Réalliance : il y a une suite à notre société individualiste,
éditions Payot, 2008

- ***Storytelling***

Le *storytelling* est littéralement le fait de raconter une histoire à des fins de communication. Le *storytelling* consiste donc à utiliser une histoire plutôt qu'à mettre classiquement en avant des arguments marque ou produit. La technique du *storytelling* doit normalement permettre de capter l'attention et de susciter l'émotion. Elle peut également être utilisée pour élever la marque au rang de mythe. Le *storytelling* peut utiliser des histoires réelles (mythe du fondateur ou de la création d'entreprise) ou créer des histoires imaginaires liées à la marque ou au produit.

Source : www.definitions-marketing.com

- **Valeur d'usage**

La valeur d'usage est la valeur attribuée par un individu à un bien en fonction de la satisfaction ou du plaisir qu'il lui procure. La valeur d'usage est subjective car elle varie selon les individus pour un bien identique.

Source : www.jobintree.com

- **Valeur étendue**

Contrairement à la valeur ajoutée qui dépend simplement de la satisfaction d'intérêts à court terme du vendeur et de l'acheteur, la valeur étendue va intégrer des facteurs extérieurs liés à l'environnement et à la société.

Elle intègre donc les composantes essentielles du développement durable : l'écologie et le social. Elle se définit, contrairement à la valeur ajoutée, sur un temps beaucoup plus long et se décline selon 3 étapes :

- *ante* : la vie du produit avant sa consommation ;
- *peri* : la vie du produit pendant sa consommation ;
- *post* : la vie du produit après sa consommation.

Source : Ganaël Bascoul, Jean-Michel Moutot, *Marketing et développement durable. Stratégie de la valeur étendue*, Dunod, 2009.

Bibliographie

Michael Braungart, *Cradle to Cradle – Créer et recycler à l'infini*, Alternatives, 2011

Antoine-Tristan Mocilnikar, Gilles Pennequin, *L'Atlas du développement durable et responsable*, Éditions d'Organisation, 2011

Jeremy Rifkin, *Une Nouvelle Conscience pour un monde en crise : vers une civilisation de l'empathie*, LLL, 2011

Comité 21, *Guide du marketing durable*, 2011

Tim Jackson, *Prospérité sans croissance – La transition vers une économie durable*, De Boeck, 2010

Coline Serreau, *Solutions locales pour un désordre global*, Actes Sud, 2010

Jeanne Bordeau, *Entreprises et marques – Les nouveaux codes de langage*, Éditions d'Organisation, 2010

Basile Gueorguievsky, Julia Haake, *L'Entreprise légère*, Delachaux et Niestlé, 2010

Dominique Bourg, *Économie de fonctionnalité et intelligence économique dans un contexte de finitude des ressources*, Seuil, 2010

Marie-Hélène Westphalen, Thierry Libaert, *Communicator – Le Guide de la communication responsable*, Dunod, 2009

Christophe Sempels, Marc Vandercammen, *Oser le marketing durable*, Pearson, 2009

Françoise Bonnal, *La Réalliance : il y a une suite à notre société individualiste*, Payot, 2008

Sylvain Darnil, Mathieu Le Roux, *80 Hommes pour changer le monde*, JC Lattès, 2006

Thierry Kazazian, *Il y a aura l'âge des choses légères,* Victoires, 2003

Paul Hawken, *Natural Capitalism: Creating the Next Industrial Revolution*, 2000

Index

www.ingramcontent.com/pod-product-compliance
Lightning Source LLC
Chambersburg PA
CBHW061334220326
41599CB00026B/5188

* 9 7 8 2 2 1 2 5 5 3 2 1 5 *